아이의 미래를
망치는
엄마의 상식

대한민국 상위 1% 엄마들만 아는 상식은 따로 있다!

아이의 미래를 망치는 엄마의 상식

김용섭 지음

21세기북스

프롤로그

세상에 아이의 미래를 **망치려는 엄마**가 정말 있을까?

　우리 엄마들의 자식 사랑은 예전부터 유명합니다. 너도나도 먹고 살기 어려웠던 시절 '개천에서 용 났다'는 사람들의 성공 뒤에는 하나같이 내 자식 잘 되는 일이라면 어떤 희생도 마다치 않았던 엄마들의 스토리가 있습니다. 이제는 먹고 살만해진 지금도 우리네 엄마들은 변함이 없습니다. 여전히 자식을 위해서라면 어떤 희생도 할 수 있는 만반의 준비가 되어 있습니다. 다만 달라진 것이 있다면 '개천에서 용 나던 시절은 끝났다'는 사실입니다.
　이제 엄마들은 내 자식의 똑똑한 능력, 새벽까지 책상 앞에 앉아 있는 노력을 믿지 않습니다. 고등학교까지 비슷한 학업의 기회를 주는 현실에서 엄마들을 안심하게 하는 것은 사교육의 위력입니다. 아이들은 엄마들의 맹신에 무지막지한 사교육의 폭풍 속으로 휘말려

버립니다.

저는 육아·아동 전문가도, 그렇다고 교육 전문가도 아닙니다. 아이를 최고의 엘리트로 키워낸 부모의 자격으로 여러분 앞에 서는 것도 아닙니다. 하지만 트렌드 분석·미래 예측 전문가이면서 현장에서 창조적 문제 해결과 비즈니스 창의력을 연구하는 사람으로, 아이의 미래를 엄마의 상식에 의존하는 현실에 중대한 문제 제기를 하려고 합니다.

아이가 직업을 가지고 사회생활을 하는 미래는 지금과 많은 것이 달라질 것입니다. 그런데도 엄마들은 여전히 엄마의 열정적인 투자와 아름다운 희생만으로 아이의 미래를 바꿀 수 있다고 믿고 있습니다. 혹시 지금 당신이 아이를 사랑하는 방법이 '자기만족'일수도 있다는 생각은 해 보지 않았나요? 세상이 달라지고 있는데 엄마들은 그 변화를 좇아가지 못하고 있습니다. 자꾸 잘못된 방향으로 다 그치는 둔한 엄마 때문에 아이는 잘못된 방향으로 내몰리고 있습니다. 정말 이대로 가기만 하면 당신의 아이는 성공적인 미래를 살 수 있다고 믿고 있나요? 그렇다면 달라진 미래에 아이에게 필요한 경쟁력은 무엇일지, 그 미래를 대비하기 위해 엄마와 아이가 준비해야 할 것은 무엇인지 알아야 하지 않을까요? 자칫 엄마가 가진 경험과 상식에 기초해서 아이의 미래를 준비하는 실수를 할지도 모를 엄마들을 위해 이 책을 준비했습니다. 이미 방향을 잘 잡고 미래를 준비하는 상위 1%의 엄마들이라면 이 책을 덮어도 좋습니다. 하지만 여전히 과거의 상식에 머물러 있는 엄마라면 이 책을 끝까지 읽어 보셔야 합니다. 그리고 진지하게 생각해 보셔야 합니다.

진정 아이를 위한다면 미래의 눈으로 바라보아야 합니다. 과거의 눈으로 바라보는 미래는, 아이들이 실제로 살아갈 미래와는 크게 다를 수 있습니다. 그러니 엄마의 과거 상식으로 아이의 미래를 망치는 실수를 범해서는 안 됩니다. 우리가 살아갈, 그리고 아이들이 누리게 될 미래에는 지금은 상상도 못할 일이 벌어지기도 할 것입니다. 지금 유망 직업이 그때는 사양 직업이 되기도 하고, 첨단 로봇이 노동력을 대신할 미래에는 경쟁력 있는 인재가 갖출 자질도 크게 달라질 수 있습니다. 이 책은 아이의 미래를 고민하는 엄마들에게 드리는 조언이자, 미래를 이끌어 나갈 아이들을 위한 격려입니다.

세상의 모든 엄마는 아이가 잘 되길 진심으로 바라고, 그것을 위해 온 힘을 다하고 있습니다. 하지만 의도하지 않게 엄마의 판단으로 아이의 미래를 망치게 된다면 어떨까요? 끔찍하지 않을까요? '설마 내가 그런 실수를 할 리 없어'라고 속단하지 마십시오. 내 아이를 과거형으로 키우고 있었던 것은 아닌지 돌아보십시오.

과거에는 변화에 둔감해도, 엄마의 경험을 아이에게 그대로 적용해도 문제없었습니다. 사회의 변화가 그리 빠르지도 않았고 엄마가 살았던 시대와 아이가 살게 되는 시대의 차이도 크지 않았기 때문입니다. 실제로 엄마의 경험이 아이의 경쟁력을 키우는 데 도움을 주었던 것도 사실입니다. 하지만 이제는 엄마가 살던 시대가 아닙니다. 세상이 달라졌다는 것을 인정해야 합니다.

러닝머신은 기계의 속도와 같이 달려야 제자리입니다. 멈추어 있으면 처지기보다 넘어지고 맙니다. 사회도 마찬가지입니다. 사회의 변화 속도와 같이 간다면 제자리, 그보다 늦는다면 처지고, 그보다 빨라야만 앞서 갑니다. 당신의 아이가 앞서 가길 바라는지, 뒤처지길 바라는지는 묻지 않아도 답은 뻔합니다. 급변하는 사회, 10년은커녕 1년 뒤의 미래도 어떻게 될지 모를 정도로 빠르고 놀라운 시대를 우리는 살고 있습니다. 그러니 엄마들은 더 변화에 민감해야 하고, 미래에 더 많은 관심을 가져야 합니다. 그것이 아이를 위해 엄마가 할 수 있는 최고의 역할 중 하나입니다.

2012년 9월
날카로운상상력 연구소장

차례

프롤로그 세상에 아이의 미래를 망치려는 엄마가 정말 있을까? _4

당신의 아이가 살아갈 미래, 당신만 모르고 있는가?

- 2020년, 현존 직종 80%가 사라진다 _13
- 로봇이 빼앗아 갈 일자리는 어떤 것들이 있을까? _15
- 설마 의사, 약사, 변호사, 교수는 타격 없겠지? _19
- 미래는 공부만 잘하는 아이를 환영하지 않는다 _25
- 명문대의 똑똑한 바보들, 누가 이렇게 만들었을까? _34
- 폭스콘이 로봇 100만 대를 생산 설비에 투입하는 이유는? _51
- 로봇은 아주 먼 미래에나 등장하는 거 아닌가? _57

당신의 아이는 미래에 어떤 직업을 가져야 할까?

- 아이들의 꿈이 점점 더 작아지고 있다 _67
- 왜 부모는 아이의 적성을 궁금해 하지 않을까? _70
- 의대를 자퇴하는 아이들이 늘고 있다 _72
- 위기를 맞은 변호사들의 더 위험한 미래 _77
- 대학이 문을 닫고, 교수가 사라지는 시대 _85
- 당신이 알고 있는 유망 직업은 언제까지 유망할까? _91
- 직업에도 유효기간이 있다! _96
- 유망 산업에서 유망 직업이 나온다 _100
- 일자리를 뺏는 로봇이 아닌 기회를 주는 로봇에 주목하라! _108
- 대학에서 말하는 유망 학과는 정말 유망한가? _114
- 당신이 속은 수많은 가짜 유망 직업과 자격증 _117

- 세상은 당신을 끊임없이 속이고 있다 _121
- 내일의 주류가 될 수 있는 오늘의 비주류를 공략하라! _125
- 아이의 행복한 미래를 위한 키워드 _129

PART 3 미래의 경쟁력을 갖출 아이, 어떻게 키울 것인가?

- 자녀를 위한 최고의 선물은 치맛바람? _137
- 세상에서 가장 머리 나쁜 아이로 만들 것인가? _144
- 중간에 서라는 것은 꼴찌가 되라는 뜻이다 _146
- 싸워서 이기게 할 것인가? 안 싸워도 이기게 할 것인가? _151
- 한 발 앞서가면 훨씬 유리한 위치를 점할 수 있다 _153
- 자신만의 콘텐츠를 가진 아이로 키워라 _156
- 영어를 잘하는 게 당신 생각만큼 중요할까? _161
- 존댓말을 버리고 반말을 쓰게 하라 _165
- 하이테크가 중심인 미래, 기술은 상식이다 _172
- 유대인이 노벨상을 독식하는 이유에 답이 있다 _179
- 아이의 창의력을 위해 엄마가 할 일은 무엇일까? _184
- 좋아하는 일을 해야 창의력도 더 커진다 _187
- 시골 초등학생도 가진 것을 왜 당신의 아이는 못 가졌나? _191
- 제대로 놀 줄 아는 아이로 키워라 _195
- 실패를 두려워하지 않는 아이로 키워라 _202
- 이기적이고 사악한 아이로 키울 텐가? _206
- 가짜가 아닌 진짜 경제 교육을 시키자 _212
- 미래를 주도할 새로운 시대정신을 가르쳐라 _218
- 미래가 요구하는 인재상은 무엇일까? _221

에필로그 엄마는 아이의 미래를 대신 살아주지 못한다 _228
참고문헌 _234

PART 1

당신의 아이가 살아갈 미래,
당신만 모르고 있는가?

엄마가 생각하는 미래와 아이가 겪을 미래가 다르다면 어떨까? 분명 모든 엄마는 아이의 미래를 위해 많은 투자를 하는데, 미래의 방향이 잘못되면 투자에 들인 노력과 시간, 비용이 모두 허사가 되고 만다. 당신의 아이가 살아갈 미래에서 당신의 상식과 가장 크게 다른 점이라면 바로 '하이테크'다. 최첨단 하이테크가 우리 아이들이 가질 미래의 일자리를 뺏거나, 새로운 일자리를 만들어 낼 수 있기 때문이다. 그중 대표적인 것이 바로 로봇이다. 설마 로봇이 우리 아이와 일자리를 두고 경쟁하는 사이가 된다고? 너무 먼 미래의 일을 엄마들에게 이야기하며 위기감을 조장하는 거라 생각한다면 지금 당장 이 책을 덮어라. 세상에는 모르고 사는 게 속편할 때도 있으니 말이다. 다만 엄청난 후회를 한다 해도 책임 못진다. 당신이 의심하든 하지않든 이미 미래는 시작되었으니까.

공부 잘하는 것을
최고의 가치로
여기는 부모는 여전히 많다.
하지만 미래는 다르다.
공부 잘하는 것이
더는 부모들의 생각처럼
미래를 보장하지 않는다.

당신의 아이가 살아갈 미래,
당신만 모르고 있는가?

2020년, 현존 직종 80%가 사라진다

제레미 리프킨Jeremy Rifkin은 『노동의 종말The End Work』 개정판(2005)에서 2030년에는 30%, 2050년에는 5%만이 일자리를 갖게 될 것으로 예측했다. 다른 수많은 미래 예측 전문가들 또한 미래에는 고용이 크게 줄어들 것이라고 말한다. 특히 제조업의 일자리 감소는 기정사실이며, 감소는 더 빠르게 진행될 것이라는 게 공통적인 의견이다.

일례로 영국의 싱크탱크 역할을 하고 있는 공공정책연구원은 2050년 영국 제조업이 고용에서 차지하는 비중이 전체의 5% 이하로 내려갈 수 있다고 전망했다. 2003년 기준으로 제조업이 고용에서 차지하는 비중이 16%였으니 그 심각성을 알 수 있는 대목이다. 제조업의 일자리 감소가 더욱 빠른 것은 로봇이나 기계가 사람 대신 노동력을 소화하는 비율이 높아지고 있기 때문이다.

단순히 일자리의 숫자만 줄어드는 것이 아니다. 기존의 직종 중 상당수가 사라지는 것을 의미하기도 한다. 박영숙 유엔미래포럼 대표는 《데일리안》에 연재한 '박영숙의 미래뉴스'에서 2020년에는 현존하는 직장의 직종 중 80%가 소멸한다고 했다. 다소 자극적이고 비약적인 주장처럼 보이지만 산업이 재편되고 있는 속도를 보면 가치가 소멸하는 직업들이 대거 드러날 수밖에 없는 것이 현실이다. 기존의 역할을 대체할 새로운 일자리가 나오는 것은 물론 아예 사라지는 직업도 나오고, 평생 직업이 아니라 수시로 변화하는 상황에 맞춰 직업을 선택해야 하는 시대가 다가오고 있다. 지금 아무리 잘 나가는 직업이라 해도 미래를 결코 장담할 수 없다는 의미다.

《비즈니스 인사이드》는 2011년 3월 17일 '향후 로봇으로 대체될 9가지 직업 The Next 9 Jobs that Will be Replaced By Robots' 이라는 기사에서 약사, 변호사와 변호사 보조원, 운전기사, 우주 비행사, 계산원, 베이비시터, 군인, 스포츠 기자와 리포터 등을 로봇이 대체할 수 있는 직업으로 언급했다. 아마 운전기사나 계산원, 군인은 '그런가보다' 할 수 있어도 '설마 약사나 변호사, 거기에 우주 비행사까지?' 싶을 수 있다. 이는 로봇의 미래를 너무 과소평가한 탓이다. 기술은 빛의 속도로 진화하고 사회의 진화도 의식의 변화 속도를 초월한다.

하지만 아무리 이야기해도 '내 자식만은 해당되지 않을 거야'하고 막연한 자신감을 가지는 부모가 상당수다. 정말 아이의 미래를 위한다면 엄마가 현재 가지고 있는 직업관을 강요해서는 안 된다. 이것은 아이들의 미래를 위협하고 망치는 지름길일 뿐이다.

그렇다면 진화된 로봇의 등장으로 가장 타격받을 직종은 무엇이며, 구체적으로 어떤 타격을 받게 될까. 적어도 미래를 준비하는 아이라면 로봇이 대체하게 될 분야는 애당초 관심을 꺼두는 게 좋지 않겠나. 고용 기회가 상대적으로 크게 줄어들거나 사라질 직종이 될 테니 말이다.

로봇이 빼앗아 갈 일자리는 어떤 것들이 있을까?

교수나 교사 역할의 핵심은 지식을 효과적으로 전달하는 것이다. 그런데 이 역할을 로봇이 대신한다면 어떻게 될까? 과거 혹은 기존의 지식을 효과적으로 전달하는 것은 오히려 사람보다 로봇이 수월하지 않을까?

수십 년째 같은 내용으로 단순 지식을 전달하는데 충실한 교수들을 쉽게 목격하는데, 이런 단순 전달이야말로 로봇이 가장 잘 할 수 있는 일임을 고려하면 그들의 위치는 지금보다 불안해질 수밖에 없다. 오히려 최신 정보 업데이트가 용이한 로봇이 지식 전달 역할에는 더 적합하기 때문이다. 교수와 교사는 학생의 이해를 돕고 문제를 제기하는 학습 가이드나, 학생의 인성을 함양하기 위한 역할을 맡고 지식 전달은 로봇 전담이 된다. 결국 교육자들은 새로운 지식을 연구하는 학자이자 교수 설계자, 정보 설계자로서의 역할로 진화하지 않으면 로봇에게 밀려날 수밖에 없는 현실이 다가오고 있다.

로봇이 쓰는 신문 기사나 책을 읽게 된다면?

기자도 로봇이 뺏을 수 있는 일자리다. 발로 뛰는 취재는 한계가 있겠지만 굳이 발로 뛸 필요 없이 광범위하게 구축되어 있는 정보 연결망을 통한다면 단시간에 더욱 효과적인 정보 수집이 가능하다. 정보를 수집해 기사를 작성하는 알고리즘이 개발 중인데다, 증시나 경제 지표의 수치화된 정보를 바탕으로 기사를 자동으로 작성하는 시스템은 이미 있다. 지금도 사람이 썼는지 컴퓨터가 썼는지 모호할 정도로 사실만 나열한 스트레이트 기사는 꽤 많으며, 기업이나 통신사의 보도 자료를 그대로 옮기거나 인터넷 SNS에서 검색한 내용으로 쓴 기사도 많다.

이 정도라면 로봇이 충분히 할 수 있는, 오히려 사람보다 더 잘해 낼 수 있는 일이 아닐까? 게다가 시나리오를 쓰는 소프트웨어까지 개발되었으니 창작이나 기사 작성이 사람만의 특권이라고 주장할 수 있는 시대는 지났다. 로봇이 쓴 칼럼이나 논평을 읽고, 책을 사게 될 날이 정말 올지도 모른다.

로봇의 손길에서 벗어날 수 없는 것은 도서관 사서도 마찬가지다. 시카고 대학교에 새로 들어선 도서관에서는 로봇 시스템이 사람보다 더 빠르게 책을 찾아 준다고 한다. 물론 이런 사례는 아직 극히 일부지만 곧 도서관마다 사람을 대신해 로봇이 사서 업무를 보게 될 날이 머지않은 것은 분명하다.

우리 아이, 군대 안가도 된다고?

군인은 로봇이 대체하기 가장 좋은 직종 중 하나다. 더는 사람이 피 흘리고 싸울 필요 없이 로봇끼리 싸우는 시대가 오고 있다. 마치 전쟁 시뮬레이션 게임을 하듯 실제 전투를 하게 될 테니 프로게이머의 역할도 커질 수 있다.

미국 국방부는 로봇 전투 시스템 개발을 추진 중으로, 이미 개발된 록히드마틴의 로봇트럭 뮬MULE은 적을 향해 미사일을 발사할 수 있다. 미 해군의 5000t급 군함에 투입되는 병사의 수가 50여 년

전에는 1000명이 넘었지만 지금은 200여 명으로도 충분하다고 한다. 10년 후는 어떨까? 그때는 100명 이하의 인력으로도 가능하지 않을까. 기술의 진화가 일자리를 감소시키는 단적인 예다.

군사 분야는 로봇이 사람의 역할을 대체하는 속도가 가장 빠른 분야가 될 것이다. 막대한 국방 예산을 줄이고자 하는 국가의 의지와 새로운 무기 또는 그 기능을 대신할 수 있는 로봇의 개발로 이익을 챙기고자 하는 군수 업체의 의도가 잘 맞아 떨어지기 때문이다.

소방관이나 재난 구조원도 마찬가지다. 사람이 접근하기 힘든 화재나 지진, 방사능 오염을 비롯한 각종 위험 현장에서 로봇이 사람을 대신할 수 있다. 지금도 카메라가 내장된 각종 탐사 로봇이 사람을 지원하고 있지만, 향후 더욱 정교해진 로봇이 등장하면 사람이 위험에 직면하는 경우는 현저하게 줄어들 것이다.

사람이 접근하기 힘든 우주나 심해에서도 로봇의 역할은 중요하다. 이미 GM과 협력해서 만든 미항공우주국NASA의 로보노트2는 우주 정거장을 청소하거나 우주 비행사를 보조하는 역할을 수행하고 있는데, 미래에는 로봇이 우주 비행사의 역할까지 대체할 가능성이 크다. 해저 탐사와 개발에서도 진화한 로봇의 역할이 꽤 클 것으로 기대된다. 사람의 역할을 대체하는 수준을 넘어 로봇은 사람들이 엄두도 내지 못하는 영역까지 진출할 것이다.

택시 기사나 운전기사도 로봇이 대체하기 좋다. 자동으로 주행

하는 자동차에 대한 연구는 아주 오래 전부터 여러 곳에서 진행하고 있는데, 대표적으로 구글에서 개발한 무인 자동 주행 자동차가 2012년 5월 네바다 주에서 정식 운행 허가를 받고 운행 중이다. 다른 업체들도 무인 자동차 운전면허를 얻으려고 도전하는 중으로 빠르면 2015년 전후, 늦어도 2020년 정도면 상용화된 무인 자동차를 만날 가능성이 크다고 한다.

우리는 머지않아 로봇이 운전하는, 어쩌면 로봇도 없이 알아서 운전하는 차를 타게 될 것이다. 그것을 스마트카라고 부르든 로봇카라고 부르든 상관없다. 분명한 것은 기계가 스마트해진다는 것은 사람을 편하게 만드는 수준을 넘어 굳이 사람이 없어도 그 역할을 전담할 수 있게 되는 것을 의미한다.

설마 의사, 약사, 변호사, 교수는 **타격** 없겠지?

우리나라 엄마들이 아이들에게 가장 바라는 직업은 의사, 변호사, 교수 등 고소득 전문직이다. 명문대에 보내기 위해 사교육에 목메는 것도, 기러기 아빠들이 경제적 어려움은 물론 심적 고통까지 감수하며 조기 유학을 보내는 것도 안정적인 직업을 아이에게 선사하기 위함이다. 그러니 모두가 꿈꾸는 좋은 직업이 로봇이라는 쇳덩어리들에 위협받는 미래는 절대 상상하고 싶지 않을 것이다.

물론 진입 장벽이 높은데다 사회에서 어느 정도 세력을 형성하고 있는 의사, 약사, 변호사 등의 단체가 쉽게 로봇의 영역 침범을 허용하지는 않을 것이다. 하지만 손으로 해를 가린다고 사라지는 것은 아니다. 시대의 흐름을 잠시 지연할지는 모르겠지만 거부할 수 없다는 것은 너무나 분명하다. 역사가 멈추었던 적은 한번도 없었으니 말이다.

늦출 수는 있어도 막을 수는 없는 흐름

《비즈니스 인사이더》 기사를 보면 캘리포니아 대학교 샌프란시스코 의료원에서는 의사의 처방전을 전산망으로 받은 로봇이 직접 약을 고르고 복용량에 따라 조제하고 포장하는데, 지금까지 35만 건을 처리하면서 단 한 번도 실수하지 않았다고 한다. 물론 한국에서는 이익 집단인 약사들의 이해관계 때문에 장벽이 많겠지만, 이런 집단행동은 흐름을 늦출 수는 있어도 막을 수는 없다. 결국 흐름에 굴복할 수밖에 없다. 창조적인 영역이 아니라면 사람의 어떤 능력도 로봇이 대체하는 것은 가능하다.

이쯤 되면 약사뿐만 아니라 소위 잘나가는 직업의 대명사인 변호사와 의사도 안심할 수는 없다. 철옹성이라 여겼던 이들 직업도 기계화나 로봇에 의해 거스를 수 없는 변화가 서서히 일어나고 있다.

변호사와 의사는 엄마들의 상식으로는 로봇이 절대 대체할 수 없을 거라 여기는 직업이다. 과연 이 두 직업은 열성적인 엄마들의 믿음을 절대 배신하지 않을까?

미국의 일부 법률회사에서는 인공 지능 소프트웨어를 이용해 대량의 법률 문서를 검색하고 판독한다고 한다. 지금이야 변호사 업무를 보조하는 데 불과하지만, 다른 분야와 마찬가지로 법률 분야에서 로봇이 할 수 있는 일은 점점 늘어날 것이고, 자연히 변호사 일자리에도 영향을 미칠 것이다.

만일 법조계에서 더 오래 살아남고 싶다면 변호사보다는 차라리 판사를 권한다. 판단력은 사람만이 가질 수 있는 특권이다. 법리적 해석을 넘어 국민 감정이나 사회 상황을 고려해야 하는 판결은 미래에도 여전히 판사의 몫일 테고, 배심원제가 시행되는 국가에서도 배심원을 로봇으로 대체할 리 없다.

수사관도 로봇이 대체할 수 있다. 과학수사는 사건을 해결하기 위한 가장 기본이다. 만약 로봇이 사건 현장에 투입되어 사건을 조사하고 데이터베이스가 구축된 시스템을 통해 바로 분석이 이루어진다면 용의자를 추적하고 사건을 해결하는 것이 더욱 수월해질 것이다. 물론 로봇이 수사관의 역할을 완벽하게 대체할 수는 없겠지만, 로봇의 능력이 향상할수록 수사관의 일은 줄어들고, 자연히 고용 감소를 불러오게 된다.

수술 로봇이 의사를 보조하는 시대

변호사나 수사관과 마찬가지로 의사의 역할도 로봇 때문에 줄어들 전망이다. 특히 외과는 지금도 의대생들의 기피대상 1호가 되고 있는데, 이처럼 사람이 꺼리는 부분일수록 로봇 역할은 오히려 더욱 절실한 시점이다. 수술을 보조하는 로봇의 등장과 함께 유능한 의사 한 명이 소화할 수 있는 환자의 수는 더 많아짐과 동시에 필요한 의사 수는 감소한다. 당장은 로봇이 의사의 자리를 완전히 대체하기보다 간호사나 보조 인력의 일자리부터 뺏을 확률이 높다. 하지만 외과를 시작으로 다른 과까지 로봇의 영향력은 서서히 커질 것이 분명하다. 엄밀히 말하면 의사를 로봇이 대체한다기보다 의사라는 사람의 손길이 치료에서 줄어든다는 의미다.

실제로 병을 치료하는데 첨단 의료 기술 장비의 몫이 점점 커지고 있는 것은 생각해 볼 대목이다. 이미 얼마만큼의 첨단 장비를 가지고 있느냐는 그 병원을 평가하는 중요 요소로, 사람들이 대형 종합병원을 더 신뢰하고 많이 몰리는 것도 같은 맥락이다.

굳이 첨단 장비나 로봇 문제가 아니라도 공급 과잉 탓에 의사 사회 내부 경쟁은 심해지고 있고, 의사에 대한 대우나 인식도 변하면서 경제적으로 어려운 의사들도 점차 늘어나고 있다. 게다가 로봇을 비롯한 의료 기술과 제약 기술의 진화, 진단 의학의 발달도 의사들의 경쟁을 더 치열하게 만들고 있다. 첨단 의료 기술이나 제약 기술로 사람을 고치고, 나아가 애초에 아플 일을 사전에 방지하는 세상으로 빠르게 변화하고 있다.

사람이 로봇에게 위로 받다

로봇의 역할은 기술적인 부분에만 국한하지 않는다. 술집 바텐더를 예로 들어 보자. 오하이오 주 모토맨로보틱스 사는 '로보바'라는 로봇 바텐더를 팔고 있는데, 이 로봇은 사람보다 음료를 더 빨리 혼합하고 손님들에게 농담까지 한다고 한다. 로봇이 더욱 진화한다면 사람보다 로봇과의 감정 교류가 더 수월해지는 것은 아닐까?

이미 SNS로 만나는 상대도 사람이 아닌 로봇이 넘쳐나고, 게임을 하면서도 상대가 사람이든 아니든 상관없이 교감하고 소통한다. 그런데 로봇 바텐더와 농담을 주고받으며 술 마시는 일이 새삼스러울 것도 없다.

섬세한 손길이 필요한 베이비시터도 예외는 아니다. 아이의 보육과 교육, 보호까지 모두 담당하는 만능 베이비시터 로봇이 나올 수도 있다. 베이비시터뿐 아니라 가사 업무까지 전담하는 가사 로봇 겸용으로 집안에서 벌어지는 모든 일을 하게 될 것이다. 여성의 사회 진출이 더욱 활발해지고 맞벌이는 늘어나는데, 여전히 미비한 국가의 보육 정책 때문에 골머리 썩는 부부가 많은 점을 감안하면 베이비시터 로봇은 환영받을 이유가 충분하다.

이쯤이면 '정말 이 정도로 변하겠어?' 하고 의심하는 엄마들이 꼭 있다. 그렇다면 이렇게 반문하고 싶다. 1980년대 사람들이 손바닥만한 작은 기계로 이메일을 보내고, SNS로 업무 관계를 맺거나 친구가 되는 세상을 상상이나 했을까? 그들을 붙잡고 머지않아 은행에 가지 않고 컴퓨터로 돈을 입·출금하고, 주식 투자까지 하게 될 거라고 말했다면 믿었을까? 1980년대는커녕 1990년대 초반 사람들도 이해 못할 일을 우리는 아주 자연스럽게 누리고 있지 않은가. 베이비시터를 비롯한 생활 로봇이 우리에게는 아직 낯설지만, 미래를 살게 될 아이들에게는 아주 당연하고 자연스러운 일이 될 것이다.

여기서 짚고 넘어가야 할 점은 직업이 로봇의 영향만 받는 것이 아니라는 것이다. 그렇기에 직업에 변화를 주는 요소들에 좀 더 민감하게 반응할 필요가 있다. 우리가 알고 있는 유망 직업이 반드시 미래에도 유망한 것은 아니라는 사실을 인지하고, 변화의 흐름을 다양한 각도에서 살펴봐야 한다. 이런 유망 직업에 대한 변화는 Part 2에서 다루고자 한다.

미래는 **공부만 잘하는 아이를** 환영하지 않는다

우리가 어렸을 때만 해도 반에서 공부 제일 잘하는 아이가 반장을 하고, 선생님의 귀여움을 받고, 동네 어른들의 칭찬을 받고, 부모의 사랑을 받고, 사회에 진출해서도 성공할 확률이 높았다. 지금이라고 크게 달라지지는 않았다. 여전히 학교에서 공부 잘하는 아이가 선생님의 신뢰를 받고, 부모의 전폭적인 지지를 받는다. 다만 달라진 것이 있다면 그렇다고 그 아이가 반드시 사회에서 성공하지는 않는다는 점이다.

하버드 대학교나 MIT 등 유명 명문 대학들은 세계적인 인재들이 모여 있는 곳이다. 매년 수천 명의 똑똑하고 재능 있는 학생들이 지원하는데, 이 중에는 입학 정원보다 훨씬 많은 고등학교 수석 졸업자들도 포함된다. 하지만 수석 졸업 지원자 중 80%가 불합격한다면 믿겠는가? 내신과 수능이 절대적인 비중을 차지하는 우리나라의 경우 있을 수 없는 일이지만, 외국의 명문대 진학은 차원이 다르다. 단순히 공부를 잘한다고 해서 합격이 보장되지 않는다. 시험 성적과 평점을 고려하기도 하지만, 이 또한 최종 입학 결정을 내리는데 영향을 미치는 여러 중요한 요소 가운데 하나에 불과하다. 과외 활동, 교과 관련 활동co-curricular, 개인 배경 및 경험, 다른 학생들과 차별화된 두드러진 특성도 함께 고려하는데, 이러한 요소들은 에세이를 포함한 지원서, 추천서, 인터뷰 등을 통해 파악한다. 객관적인 수치들도 중요하지만 지원자의 주관적 측면, 즉 개인 배경, 경험, 작문 능력, 인성, 재능, 인생 목표 등 다양한 부분을 통해 이 학생이 앞으로 얼마나 창의적이고 주도적으로 자기 학업을 이끌 수 있을지 평가하는 것이다. 자연히 학생들은 어릴 때부터 공부 이외에 여러 분야에 관심을 두고, 다양한 활동을 하며 창의력 향상의 기회를 갖는다.

그런데 여전히 공부 잘하는 것을 최고의 가치로 여기는 부모가 많다. 이제껏 공부 잘하는 것이 명문대에 가고, 좋은 직장을 갖거나 돈 잘 버는 전문직이 되는 지름길이었기 때문이다. 하지만 미래는 다르다. 공부 잘하는 것이 더는 부모의 생각처럼 미래를 보장하지 않는다. 조금만 다른 길이 나타나도 허둥지둥 헤매는 아이들은, 안정적인 직장만 찾아 헤매는 겁쟁이가 되어 버렸다.

안타깝게도 비포장도로 지름길은 점점 사라지고 있다. 이제 여기저기 새로운 도로가 생기고 있다. '성공'이라는 종착점은 같지만, 그 종착점까지 가는 길은 많이 달라졌다. 그런데도 엄마들은 아직도 지름길만 찾아 헤맨다. 공부만 잘한다고 해서 아이의 미래가 보장되는 시대는 끝났다는 것을 인정하려 들지 않는다. 높은 점수에만 집착하다 보면 새로운 도로에 생긴 중요한 표지판을 그냥 지나

칠 수 있다. 시대가 빠르게 변하는 만큼 이제 아이의 '성공하는 삶'을 위해 준비해야 하는 것들도 많이 변했다는 것을 기억하자. 당신이 잠시 망설이는 이 순간에도 당신이 알던 길은 사라지고, 새로운 도로는 끊임없이 생겨나고 있다.

우리는 왜 과학 분야 노벨상을 못 받는가?

16과목 중 14과목이 '양'과 '가'인 성적표를 보면 무슨 생각이 들까? 2002년 노벨 물리학상을 받은 고시바 마사토시의 도쿄 대학교 졸업 성적이 이랬다. 그는 말했다. "학업 성적이란 배운 것을 이해하는 수동적인 인식을 말한다. 그러나 중요한 것은 스스로 해결책을 찾아내는 능동적인 인식이다."

우리나라는 세계에서 아이큐도 제일 높고, 학습 능력도 최고 수준에 속한다. 그런데 아직 과학 분야의 노벨상 수상자는 없다. 글로벌 기업으로 우뚝 선 우리나라 기업들은 여럿 있지만 저마다 창의적인 인재가 없다고 아우성이다. 모방은 잘하는데, 모방을 넘어 새로운 것을 창조하는 능력은 미약하다. 한국인이 세계 최고의 학습 능력을 갖춘 것은 사실이지만, 세계 최고의 선도자나 창조자들이 없는 것도 이런 이유다. 과거에 비해 창조력이 점점 강조되고 있는 현실을 생각하면 우리 아이들의 장래가 그리 밝지만은 않은 것 같다.

아이큐가 높다는 것은 무엇을 의미할까? 케이블TV 프로그램

'화성인 바이러스'에 아이큐가 무려 187인 사람이 출연했다. 연신 보이는 그의 기억력과 암기력은 실로 놀라웠다. 하지만 거기까지였다. 나이가 꽤 들었음에도 대학 진학은커녕 변변한 사회생활도 하지 못하는 것 같았다. 머리가 좋은 것은 분명해 보였지만 사회 적응력은 낮아 보였다.

영화 〈일라이〉에서 성경책을 통째로 외우는 덴젤 워싱턴을 보며 '어떻게 저럴 수가 있지?' 감탄했었다. 그런데 사실 성경이 모두 사라진 영화의 시대적 상황을 고려한다면 그리 놀라운 일도 아니다. 인쇄술이 일반화하기 전까지 유럽에서는 성경을 모두 외울 수 있는 수도사들이 많았다. 하지만 성경을 인쇄하기 시작하면서 굳이 암기할 필요도 사라지니 동시에 성경을 외우는 수도사도 함께 사라졌다. 필요는 놀라운 힘을 발휘한다.

어릴 적 별의별 특이한 것을 잘 외우는 친구가 있었다. 국가별 수도나 국기 이미지를 외우는 것은 물론, 시대별로 어떤 역사적 사건들이 있었는지도 모두 외웠다. 아이큐도 꽤 높았던 그 친구의 암기력은 정말 탁월했다. 그때만 해도 잘 외우는 사람이 똑똑한 사람으로 평가받았다. 그렇다면 앞으로 우리 사회에 필요한 인재도 암기력이 좋은 똑똑이일까?

독일의 미래학자 마티아스 호르크스Mathias Horx는 우리나라 교육에 대해 이렇게 평가했다. "공부 잘하는 학생은 복종 잘하는 사람이나 제도에 순응 잘하는 사람을 의미할 뿐, 지금의 교사들은 아이들 재능을 키우고 있다고 생각하는지 모르지만 실제로는 아이들 재능을 다 망치고 있다." 아직 모든 학생이 똑같은 목표를 향해 달려가는 지나치게 단순한 교육에 머물러 있다는 지적이다.

2008년 홍콩의 한 강연회에서 세계적인 미래학자 앨빈 토플러도 비슷한 평을 했다. "한국 학생들은 하루에 10시간 이상 열심히 공부하는데 쓸데없는 공부를 한다. 미래에 필요하지 않을 지식과 존재하지도 않을 직업을 공부하는 데 시간을 허비하고 있기 때문이다." 한국은 이미 선진국이지만 미래에 대한 준비가 소홀하다는 지적이다. 교육은 미래를 준비하는 것이어야 하는데 한국의 교육은 방향 자체가 잘못되었다는 것이다. 과연 공부를 잘하고, 열심히 한다는 것이 어떤 의미가 있는지 다시 생각해 보아야 한다. 열심히만 하는 것은 가장 무식한 방법이다. 방향과 전략이 중요한데, 이런 것은 무시하고 무작정 열심히만 한다면 흔히 말하는 '헛똑똑이'가 되기 쉽다. 방향을 잘못 잡은 교육 제도, 엄마들의 잘못된 상식이 자칫 공부만 잘하는 예비 패배자를 대량 생산하고 있는 것은 아닐까.

이미 기업들은 학교 성적이 개인의 능력을 제대로 반영하지 못한다는 것을 알고 있다. 명문대 출신들이 반드시 업무 능력에서 우위를 보이지는 않는다는 것을 깨달은 것이다. 그럼에도 여전히 우리의 교육 현실은 단순 암기로 점수 올리는 것에 치중하고 있다는 것이 놀라우면서도 암울하다.

기회가 된다면 서점이나 도서관에서 자식 교육에 대한 책들을 펴 보라. 교육에 관한 수많은 책이 여전히 공부 잘하는 것을 최고로 꼽고 있으며, 명문대 진학을 위해 사교육을 부추기는 책도 많다. 부모의 경제력이 자식의 미래를 가늠한다는 말에 사교육에 돈을 쏟아부어야 좋은 부모가 될 수 있다는 착각에 빠진다. 가만 보면 이런 책들은 한결같이 기존의 입시 위주의 교육산업과 이해관계를 같이 하고 있다. 아주 간혹 사교육에서 탈피해 인성 교육에 힘쓰자고 주장하는 책도 있지만, 입시 위주의 교육관이 주류인 시대에 이런 책은 변종 취급을 받는다.

대부분은 그럴싸하게 아이들의 미래를 말하지만 결국 현재의 입시 위주의 교육 환경에 잘 적응해야 좋은 대학에 간다고 말한다. 정말 입시 공부만 하고, 명문대만 가면 모두 해결되는 걸까? 그렇게 해도 아무 탈이 없는 걸까?

공자가 말하길, "먼 앞일을 깊이 헤아리지 못하면 가까이에 근심이 생긴다"고 했다. 제대로 방향을 잡지 못한 사람은 막연하게 불안할 수밖에 없다. 반면 미래를 준비해 놓은 사람은 다가올 미래를 불안해하거나 걱정하지 않는다. 당신은 어떤 태도로 아이의 미래를 맞을 것인가?

머리 사용의 새로운 전환

지금 우리가 사는 시대는 어떠한가? 굳이 많은 것을 외울 필요 없다. 손에는 늘 스마트폰이 들려 있고, 어디서든 쉽게 인터넷을 즐길 수 있다. 궁금한 것은 실시간 검색하고, 기억할 것이 있다면 메모장에 저장하면 된다.

스마트폰과 인터넷 검색 등 첨단 미디어와 기술 발달은 머리 밖에 강력한 외장 메모리를 갖춰 주었다. 누구나 외장 메모리에 기대 자기 능력 이상의 것들을 해낼 수 있다. 암기력은 학생에게 꽤 중요한 자질이었지만, 더는 암기력으로 능력을 가늠하는 것은 의미 없다.

학습에서 정말 중요한 것은 암기보다 이해다. 암기는 단기적이지만 이해는 기억을 오래 지속시켜 주기 때문이다. 답이 무엇인지 아는 것과 그 답이 어디에 가면 있는지 아는 것은 다른 문제다.

과거에는 내 머릿속에 답을 넣어두어야 내 지식이었다. 하지만 점점 외부의 '뇌'를 적극 활용하는 시대를 맞았다. 굳이 머릿속에 있지 않아도 지식 정보를 찾을 방법만 가지고 있다면 실시간으로 답을 찾아낼 수 있다. 더는 암기력 좋은 것을 머리 좋다고 생각하지 않는다. 암기할 것들은 디지털 기기가 알아서 해결해 줄 테니 우리 아이들은 이해와 응용, 창조적인 해석 능력을 키우는 데 집중해야 한다. 기억력 위주로 활용하던 머리를 좀 더 고급스럽고, 고차원적인 용도로 활용해야 한다. 그것을 소홀히 한다면 로봇에게 가장 먼저 일자리를 뺏기는 사람이 될 것이다.

　교육과학기술부는 2011년 5월 고교 수학 시험에 전자계산기를 쓸 수 있도록 하는 것을 논의했다. 결국 계산기 구매비용이나 어떤 사양의 제품을 살 것인지에 대한 문제 때문에 유보되었지만, 전자계산기를 사용하는 것이 합리적이라는 데는 합의를 본 셈이다. 사칙연산을 이해하면 되지 굳이 암산을 고집할 필요는 없다는 것이다. 이는 미국에서 먼저 제기했던 사안으로 1990년대 중반부터 활발한 논의를 거친 덕분에 이제는 수업 시간은 물론 SAT(미국 수학능력시험)에서도 전자계산기를 쓸 수 있게 되었다.

　모든 것을 머리로 해결해야 똑똑하다는 것은 이제 구시대적 사고가 되었다. 머리의 여러 기능 중 단순 기억이나 연산 등은 기계에 맡기고, 우리는 좀 더 창조적인데 투자하자는 생각이 확산하고 있다. 이른바 머리의 선택과 집중인 셈이고, 머리 사용의 2.0시대를 맞았다. IT 전문 잡지 《와이어드》의 칼럼니스트 클리브 톰슨은 인터넷을 '외장 뇌outboard brain'라고 비유했다. 외장 하드와 같은 맥락인데 기존의 뇌에 추가해 활용하는 뇌로, 정보 저장이나 인터넷 검색이 가능하다는 의미다. 이제는 정보 저장이나 기억은 기계에 맡기고, 우리는 그것을 찾아내는 능력만 갖추면 된다. 굳이 뇌에 다 집어넣지 않아도 대신해 주는 도구가 있다는 것은 분명 큰 장점이다.

　우리 사회는 지나친 엘리트 의식에 젖어 있다. 공부 잘해서 좋은 대학에 들어가는 사람이 사회에서도 좋은 지위를 유지하고, 그 인맥이 서로 끌고 당겨주며 그들만의 리그를 보장한다. 그런데 이런 조직일수록 혁신과 창조를 위한 원동력을 이끌어내는 데 한계가 많다. 농담 삼아 대학을 중퇴한 스티브 잡스가 한국에서 태어났다면 용산전자상가에서 일하거나 애초에 신용불량자가 되었을 거라는 씁쓸한 말을 한다. 그만큼 우리 사회는 좋은 대학에 가기 위한 학습에만 치중하고, 사회에서 정말 필요한 것에 대해서는 무지하리만큼 소홀했다. 산업 사회에서는 상당히 효율적이고 강력한 교육 경쟁력을 발휘했는데, 지식 정보 사회에서는 어느 순간 뒤처지고 있다. 오바마 대통령이 우리나라의 교육을 칭찬했던 것은 문맹률이 낮고, 대학 진학률이 최고인 획일적 수준 향상이 부러웠기 때문이다. 하지만 그만큼 단점도 크다. 문제를 잘 푸는 사람은 많은데, 만들 수 있는 사람은 드물다. 문제를 잘 풀어봐야 뒤따라가는 것에 불과하다. 창조와 혁신은 문제를 만들어 내는 사람의 몫이다. 기업들이 가장 절실히 바라는 인재상이 바로 창조적인 사람이다.

명문대의 **똑똑한 바보들**, 누가 **이렇게** 만들었을까?

증권 회사의 리포트가 발간 후 동이 나서 재발간하고, 그래도 자료 수요가 끊이지 않는 아주 특이한 상황이 연출되었다. 유진투자증권에서 발행한 『교육의 정석 I』이라는 리포트는 증권계뿐 아니라 아파트 부녀회에서도 관심이 뜨거웠다. 엄마들의 최고 관심사인 자식 농사에 관한 내용이었기 때문이다. 리포트는 명목상 교육시장에 대한 분석을 앞세웠지만 핵심은 결국 '어떻게 하면 특목고와 명문대에 진학할 수 있느냐'였다. 주식 시장에서 사교육 시장에 대한 투자 전망이나 교육주의 시장 분석이 눈길을 끈 것이 아니라, 좋은 학교로 진학하는 방법에 많은 눈이 쏠리는 아이러니한 상황이 벌어진 것이다. 뜨거운 반응 덕에 『교육의 정석 II』가 중·고입 편과 대입 편 두 권으로 추가 발행되기도 했다.

명문 중학교든 특목고든 최종 목적은 명문대 진학이다. 명문대 진학만 하면 모든 문제가 해결된다는 인식이 여전히 부모들 사이에 팽배해 있고, 학과 선택은 적성과 상관없이 대학 간판을 보고 정한다. 물론 일부러 진학을 포기할 필요는 없다. 하지만 명문대가 더는 미래의 보증수표가 아니라는 점은 분명히 해야 한다. 이제 부모들도 아이의 미래를 위해 명문대 보내는 것 이상의 가치 있는 투자가 있다는 사실에 눈떠야 한다. 실제로 사회생활하는 이들 중 자기 전공을 살려 일하는 이들은 거의 없다. 자기 적성이나 관심을 살려 전공을 선택하는 이들이 소수다 보니 어쩌면 당연한 결과다.

대학만 가면 다 해결된다고 믿는가?

대학 진학은 그 자체가 목적이 아닌 과정이어야 한다. 명문대 진학으로 많은 문제를 해결하는 마법 같은 일은 일어나지 않는다. 그런데 초등학교부터 고등학교까지 대학 진학만을 목표로 12년을 집중하다 보니 대학에 입학하면 목적을 달성했다는 착각에 빠지고, 엄마나 아이나 대학 졸업 후 치열한 경쟁 앞에 좌절한다.

명문대 졸업이 불리할 것은 없다. 과거에는 분명 명문대 졸업장만으로 이룰 수 있는 것이 많았다. 하지만 세상은 변하고 있다. 이제는 서울대 졸업장을 들고도 실업 신세를 면치 못하는 젊은이를 쉽게 볼 수 있고, 외국의 유수 명문대를 나왔다는 사실이 미래를 보장하는 만능 자격증이 되어 주던 시대는 지났다. 이처럼 대학의 가치는 사회가 요구하는 인재상에 따라 달라진다. 엄마들의 세대가 명문대 졸업장이 출세와 명예를 보장하는 시대였다면, 아이들이 사회에 진출할 즈음에는 대학 졸업장이 사회생활에 미칠 영향은 미미할 가능성이 크다. 운전면허증이 있다고 특별히 보장되는 것은 없다. 대학 졸업장도 비슷하다. 비록 명문대라 해도 취업에 미칠 효과는 엄마들이 경험했던 상식과는 크게 다르다는 점을 하루빨리 인정해야 한다. 대학 진학을 통해 얻는 것은 원활한 사회생활을 위한 전문성과 능력이어야 한다. 대학 진학이 전부가 아니라 무엇을 공부하고, 어떤 자질을 키우고, 어떤 능력을 쌓을지 지속해서 관심을 두어야 한다. 아이의 안정적인 미래를 위해 필요한 것은 엄마 치맛바람이 아니라 아이가 자신의 꿈이 무엇인지 주도적으로 결정할 수 있는 환경이다.

아이들이 적성을 찾고, 주도적이고 자발적으로 전문성을 쌓아야 도전적이고 책임감 있는 삶을 살 수 있다. 아무리 내 새끼가 귀하고 예쁘다 해도 인생까지 대신 살아줄 수는 없는 노릇이다. 미래에 대한 준비는 과거의 상식을 가진 엄마들에게서 진짜 미래를 살아갈 아이들이 가져와야 한다. 그러기 위해서는 무엇보다 미래에 대한 이해가 필요하다. 아이를 변화하는 시대에 맞춰 키워야 경쟁력 있는 인재가 될 수 있다는 것을 인정해야 한다. 급변하는 시대 상황에서 엄마들이 자신의 상식을 고집한다면 그것은 아이들을 바보로 키우는 지름길이 될 뿐이다.

문제의식 없이 공부만 잘하는 모범생의 한계

최근 여러 방송사나 기업에서 진행하는 청년 창업 관련 프로젝트에 관여하느라 청년 창업가를 많이 만났다. 그런데 그 중 소위 우리나라 명문대라 불리우는 서울대와 연세대, 고려대, 카이스트 등의 재학생과 졸업생의 사업 계획서를 보면서 크게 실망했다. 물론 좋은 사업 계획도 있고, 이들 중 성공적인 벤처 창업의 길을 걷는 이들도 있다. 하지만 그에 비해 기존에 있던 돈 되는 사업을 문제의식 없이 복제한 실망스러운 사업 계획이 더 많았다. 참신하거나 창의적인 것은 찾아보기 어려웠다.

심지어 명문대생은 국내 입시 위주의 기형적인 사교육 시장에 빨리 눈을 떴는지 입시 관련 사업 계획도 꽤 되었다. 가장 이상적인 꿈으로 빛날 청년들이 정말 돈만 벌면 된다는 생각을 하는 것은 아닌지 우려되었다.

벤처 창업의 핵심은 새로운 문제의식의 발현이자 문제 해결에 대한 도전이다. 무조건 새로운 사업을 창조해야 하는 것은 아니다. 하지만 기존의 것을 그대로 복제하거나 모방해도 큰 문제가 되지 않는다는 태도는 곤란하지 않을까. 적어도 기존 모델의 문제점을 제기하거나 좀 더 나은 방향으로 개선할 수 있는 해결 방안 정도는 덧붙여야 한다. 분명 머리 좋은 청년들인데 어려서부터 정해진 길, 안전한 길만 걸어온 결과 도전 정신을 상실한 것 같아 안쓰럽기도 하다.

학생 중 상당수는 창업이 최선이 아니라 차선일 수 있다. 취업은 안 되고 그렇다고 눈높이를 낮추는 것보다는 벤처 창업이 낫다는 심정 말이다. 하지만 의욕만 앞섰지 여전히 쉬운 길, 빠른 길만 찾으려는 청년들이 너무 많다.

벤처 캐피털 업계에서는 소위 말하는 명문대보다는 비명문대 출신이 더 참신한 사업 계획을 가져오고, 열심히 하는 경우가 많다는 이야기도 나온다. 결핍은 늘 더 많은 도전을 부른다는 말로 이해할 수 있지 않을까. 명문대라는 프리미엄이 벤처 경진 대회 같은 곳에서는 유리하겠지만, 실제 창업은 그렇지 못한 경우가 많다. 좋은 아이디어와 실행 계획이 있어도 그것을 실제 실행할 사람들의 열정과 도전이 없다면 소용없다. 스티브 잡스의 "Stay hungry, Stay foolish!"나 2002년 월드컵 때 거스 히딩크 감독이 "I'm still hungry"고 말한 것은 도전에서 결핍이 가지는 에너지를 바탕으로 한 말이다. 도전 정신은 스스로 충분하다고 느낄 때 꺾이기 쉽다. 더 많은 결핍을 가진 이들이 오히려 어려운 도전 앞에 더 많은 힘을 낸다. 벤처 창업은 무수한 도전자가 쓰러지고, 그 속에서 살아남은 자들이 영광을 가져가는 곳이다. 살아남기 위해서는 만족보다는 갈망이 더 커야만 한다.

실제로 각종 창업 경진 대회에서 수상했거나 지원금을 받은 사람을 많이 만났지만 실망했던 순간이 훨씬 많았다. 심지어 수상금만 노리는 학생들도 자주 봤다. 무용지물이라 주저 없이 말할 정도의 사업 계획이 너무 많고, 이런 계획에도 상을 주고 지원금을 주는 우리나라의 현실이 마치 잘못된 교육 정책의 치부를 들춘 것 같은 기분이 들었다.

입시 교육이 아이를 망친다?

그런데 같은 시기 고등학생들의 사업 계획을 보고 무릎을 '탁' 쳤던 때도 있었다. 철없는 10대 창업자들이 오히려 창조적인 접근 방법을 더 많이 보여 주었다. 물론 다른 또래처럼 입시 자체를 목적에 두고 있지는 않았지만 자신이 무엇을 하고 싶은지, 무엇을 잘할 수 있는지 분명히 알고 있었다. 아이들에게 대학은 반드시 가야 할 곳이 아니라, 꿈을 이루기 위해 필요한 공부를 더 하기 위한 과정일 뿐이다. 어린 나이에도 창조적이고 도전적인 사업 계획을 세우는 능력을 갖춘 이 아이들이, 만약 여느 또래처럼 기존의 입시 교육에 집중하며 순응적이고 수동적인 학습 태도를 보였다면 어땠을까. 결과는 상상하고 싶지도 않다.

세상은 문제를 만드는 사람과 답을 찾는 사람으로 나뉜다. 전자가 창조자이자 혁신가라면 후자는 따라가는 사람이자 현실적인 사람이다. 과거에는 후자도 기회가 많았다. 하지만 시대가 빠르게 변하고 최첨단 기술이 우리의 삶과 더욱 밀접해지면서 후자의 기회는 점점 줄어들고 있다. 문제를 만드는 사람이 세상을 이끄는 시대다. 그런데 안타깝게도 우리 아이들은 남이 만들어 놓은 문제의 답을 찾는데 익숙하다. 학교에서, 가정에서 늘 답을 찾는 교육만 받았기 때문이다. 자신이 찾고 싶은 답이 아니라 점수를 얻기 위한 답을 찾고, 자기만의 답이 아닌 모범 답안을 학습한다.

이제 개인은 물론 기업도 창조와 혁신은 선택이 아닌 필수다. 더는 남이 만든 문제의 답만 쫓아가는 따라쟁이들이 설 땅은 없다. 새로운 문제의식과 그 문제를 해결하는 능력이 무엇보다 중요하다. '어떻게' 하는지보다 '왜' 하는지가 중요하다. 똑똑한 머리는 이제 '왜'에 더 집중해야 한다. 이는 기존의 획일적 교육이나 일방적인 학습 방식으로는 절대 이룰 수 없다. 그래서 혹자는 우리나라 교육이 아이를 망친다는 극단적 주장도 펼친다. 수동적인 학습을 강요하는 것은 우리 아이가 미래의 패배자가 되는 가장 큰 지름길이 될 수 있음을 잊어서는 안 된다.

대학에서 실망하는 아이들

막상 큰 기대를 안고 시작한 대학 생활은 졸업이 가까워 올수록 적성과 맞지 않는 졸업장은 청년 실업 시대에 별 효과가 없음을 깨닫고 상대적인 박탈감을 느낀다. 대학 진학이 만능열쇠라고 생각했던 부모와 아이들은 현재 우리나라 대학 교육 시스템이 갖는 사회 인재 양성 기능의 한계를 깨닫는 순간 그 무력감이 주는 충격은 생각보다 클 수밖에 없다.

반면 이럴수록 학력보다 능력이 우선한다는 믿음으로 용감한 도전 정신을 품는 아이들도 생긴다. 대학 졸업장이 필수라는 기성세대의 인식에서 탈피해 늦게라도 자신의 꿈을 펼쳐 보겠다는 결심을 하는데, 보다 현실적인 사회 진출 방식에 대한 고민이기도 하다. 대학 교육이 투자 대비 효과가 없는 상황에서 기회비용을 대학이 아닌 벤처 창업이나 자기 계발에 쓰겠다는 20대가 늘어나는 것도 현실을 반영하는 것이다.

고학력 거품이 심각한 상황에서 대학 구조 개편은 필연이다. 정부는 각종 기준에 미달하는 대학을 퇴출하고, 대학은 경쟁에서 살아남기 위해 실용적인 직업 교육을 확대하고 있다. 수십 년간 기형적으로 성장했던 교육산업이 시대의 요구에 맞춰 점차 구조적으로 변화하고 있는 것이다. 이제 우리 사회는 고학력 인플레이션에 따른 사회 비용 손실을 줄여야 한다. 불필요하고 현실적이지 않은 교육에서 실용적인 교육으로 전환해야 하고, 대학 진학은 목적이 아닌 수단이 되어야 한다.

심각한 청년 실업률과 더는 대학 졸업장이 안정된 미래를 보장하지 않는다는 인식의 확산, 개성이 강하고 자기 정체성이 뚜렷한 아이들의 급증 등과 맞물려 과감히 대학을 자퇴하는 아이들의 수가 늘어나고 있는 것도 대학 구조 개편 요구에 힘을 실어주고 있다.

사실 대학이 앞서 구조 조정을 해야 하는데, 스스로 기득권을 버리지 못하고 과거 방식을 고수하는 사이 학생들의 요구에 떠밀려 변화에 끌려가는 상황이다. 대학을 그만두는 아이들의 급증은 대학 구조 조정의 본격적인 신호와도 같다. 대학 진학 자체는 물론 목적의식 없는 대학원 진학도 줄 것이다. 단지 자퇴의 문제가 아니라, 학생들의 생각과 태도가 얼마나 많이 바뀌었는지 보여 준다. 생각이 바뀌면 몸은 금세 바뀐다. 학생이 바뀌면 대학도 변화를 거부할 수만은 없다. 시대의 요구에 맞추어 변화하지 않으면 도태되는 것이 시장 논리다. 이제 대학 교육도 소비자 중심의 시장 논리가 통하는 시대를 맞았다.

우리나라의 대학 진학률은 급격히 하락중

미국 1억 개의 직업 중 대학 학위가 필요한 비율은 1973년 28%에서 2007년 42%로 증가했고, 2018년 추정치는 45%다. 일자리에서 대학 학위자 비율이 높아지는 것은 그만큼 치열한 경쟁 구도에서 고학력을 지향할 수밖에 없고, 이런 학력 인플레이션이 고학력 실업자 증가를 부추겨 고스란히 사회 비용 손실을 준다는 의미다. 고졸자가 하던 일까지 대졸자가 하는 판국이니, 대학을 졸업한 후에도 아르바이트로 연명하는 이들이 생기는 것은 당연하다. 우리나라 대학 진학률은 2008년 83.8%를 정점으로 내림세를 보이고 있다. 2009년 81.9%, 2010년 79.0%로 완만하게 떨어지다가 2011년 72.5%로 크게 떨어졌다. 물론 이렇게 떨어져도 20년 전인 1990년대 초에 비하면 아직도 두 배 이상이다. 그러고 보면 대학 졸업자 중 절반은 일자리를 얻지 못하고 있는 현실이 놀랍지 않다. 그만큼 과잉이다. 우리는 물론 전 세계적으로도 고학력 과잉이다.

이제 공부 자체로만 보면 굳이 대학에 갈 필요가 없는 시대가 오고 있다. 홈스쿨링이나 독학을 하기에 좋은 환경도 조성되었다. MIT 오픈 코스 등 세계 유수 대학들이 강의를 모두 공개하고 있어 누구나 인터넷으로 무상 접근할 수 있는데다 국내 대학들도 오픈 코스에 동참하는 중이니 오히려 대학에 다니는 것보다 더 풍부하고 다양하게 공부할 수 있는 시대. 더욱 현실적인 생각을 하는 이들이 늘어나면서 기성세대의 강고한 교육관에도 금이 가기 시작했다. 이러다 대학이 사라지는 미래도 그려볼 수 있지 않을까. 당장 모두 사라지지는 않아도 국내 대학 중 상당수는 폐교나 통폐합될 수 있다. 허울보다는 실리가 미래의 시대정신이다. 분명한 것은 지금 우리가 생각하는 대학의 역할이 큰 변화를 맞고 있다는 점이다.

환경미화원도 고학력자가 몰리는 시대

2011년도 교육과학기술부 국정 감사에 따르면 대학 입학 후 4년 만에 졸업하는 학생은 33%에 불과했다. 군에 다녀와야 하는 남학생들이 졸업 가능한 6년을 기준으로는 전체 입학생의 65.7%만이

6년 안에 졸업했고, 7년 동안 대학에 다니는 학생이 13.7%, 8년은 9%, 9년도 3.5%나 되었다. 2008년 이후 전국 대학생 중 휴학을 하는 학생도 매년 32%에 이른다. 취업난으로 졸업을 미루면서 스펙을 쌓다 보니 졸업 시기도 늦춰지고 등록금과 생활비 등 비용 부담만 더 가중되는 악순환이 이루어지고 있다. 그리고 이런 현상은 점점 심해지고 있다.

막상 힘들게 대학을 졸업해도 취직이 쉽지 않은 상황이 반복되다 보니 대학 졸업장에 대한 강박증을 버리는 이들도 나오고, 기업은 대학 졸업자 대신 고교 졸업자 채용을 확대하기도 한다. 우리 사회에 만연했던 고학력 맹신주의가 낳은 학력 인플레이션이 이제는 오히려 과거 고교 졸업자가 하던 일자리에 대학 졸업자는 물론이고 석·박사 학위 소지자까지 진입하게 했다. 환경미화원에 고학력자가 지원하는 것 자체가 얼마나 심각한 문제인지 보여 주고 있지 않은가. 이런데도 허울 좋은 4년제 대학 졸업장을 위해 등록금만 4천만 원에 부수적인 비용까지 포함하면 적어도 5~6천만 원에서 1억 원 정도를 쓰고 있는 현실은 얼마나 더 지속해야 멈출까?

현재 우리나라의 대학 교육은 사회에서 쓰임새만 놓고 본다면 낙제점이다. 그렇다고 기초 학문이나 학술 연구에서 합격점이냐 하면 그것도 아니다. 형식적인 수업이나 너무 얄팍한 흥밋거리만 다루는 경우도 많고, 학점도 졸업 후 취직을 고려해 후하게 준다. 제대로 된

연구자도 못 키우고, 사회 진출할 능력도 배양하지 못하면서 4년간 수천만 원의 등록금만 소비한다. 오죽하면 기업들이 대졸 신입 사원을 제대로 된 직장인으로 가르치기 위해 1년 가까이 가르쳐야 한다는 이야기를 할 정도일까. 학생 처지에서도 아무리 전공을 살려 사회에 진출해도 막상 써먹을 게 별로 없고, 전공과 무관하게 사회에 진출한 경우에는 더더욱 무용지물일 수밖에 없다. 그냥 대학 졸업장 하나 가졌다는 의미 그 이상도 이하도 아닌 것이 안타깝지만 현실이다. 그래서 어떤 경영자는 우리나라 대학 졸업생의 수준을 가치로 매긴다면 500원 정도라고 혹평하기도 했다.

고등학교 졸업생보다 대학 입학 정원이 더 많은 시대, 넘쳐나는 고학력 실업자들의 홍수 속에 블루칼라의 일자리는 외면당하고, 그 자리는 동남아시아에서 온 노동자나 로봇이 대체하고 있다.

명문대를 그만두는 아이들이 늘어간다

최근 명문대를 그만두는 학생들이 속속 등장하고 있다. 그런데 앞으로 이런 현상은 뉴스거리도 안 될 것 같다. 명문대뿐 아니라 대학을 그만 두는 학생이 많이 늘어나기 때문이다. 휴학 필수 시대라고 할 만큼 학생들 대다수가 휴학을 한두 번씩 하면서 졸업 시기를 늦추는 것이 보편화 되었다. 졸업을 늦추는 것은 임시방편일 뿐 근본적인 해결 방법은 아니다. 대학 졸업이 가지는 의미가 점점 사라지는데 휴학이나 자퇴라고 다를 바 있겠나. 자퇴하는 아이들의 행렬은 학력 지상주의에 대한 반기에서 시작된 인식, 가치관의 변화에서 비롯된다. 좀 더 개인화된 사회로 가는 과정이자, 남의 시선이나 사회 기준보다 자신의 소신이 중요해 졌음을 보여 준다.

말 잘 듣는 모범생보다는 도전하는 중퇴자들이 낫다

모범생의 시대는 이미 갔다. 이제는 방황하는 도전자의 시대다. 대학이 가지는 의미도 점점 달라지고, 대학에서 배운 것을 사회에서 활용하기도 쉽지 않다. 그만큼 빠른 변화 속도 때문이기도 하고, 주입식 교육의 한계이기도 하다.

애플의 스티브 잡스와 MS의 빌 게이츠, 델컴퓨터의 마이클 델, 페이스북의 마크 주커버그의 공통점은 성공한 기업가로서 세상을 바꾸었다는 점과 동시에 모두 대학 중퇴자라는 사실이다. 이들은 자신의 꿈에 도전하기 위해 20대 초반의 어린 나이에 과감하게 대학문을 박차고 나왔다. 그런데 만약 이들이 대학을 중퇴하던 시점으로 돌아간다면 마음껏 그들의 선택을 응원해 줄 수 있을까. 방황하는 청춘, 무모한 도전으로 몰아가지는 않을까. 우리는 기억해야 한다. 그들이 세상의 고정 관념과 편견에 대항하지 않았다면, 세상 사람들의 시선이 두려워 도전하기를 포기했다면 역사를 바꾼 혁신은 없었음을. 혁신은 멈추지 않고 계속되어야 한다.

명문대 박사 학위가 오히려 독이 될 수 있다?

박사 학위는 고도의 지식수준을 인증하는 고급 자격증이다. 특히 국내 명문대나 세계적인 대학 박사 학위라면 미래가 보장되거나, 최소한 미래를 유리하게 만드는 데 쓰인다는 것을 의심하지 않았다. 그래서 부모들은 아낌없이 투자했고, 아이들도 시간과 노력을 쏟아붓기를 주저하지 않았다. 그만한 가치가 있을 거라 믿었고, 기대만큼 가치를 증명하기도 했다. 하지만 모두 지난 이야기다. 이제 박사 학위는 미래를 보장해 주지 못한다. 그 유효 기간도 점점 짧아지고 있다.

특히 전자공학·전자계산학·컴퓨터공학 등 변화의 속도가 빠른 최신 하이테크를 다루는 전공은 더욱 그렇다. 학부, 석사, 박사 등을 거쳐 학위를 받아 교수가 되면 자신이 공부하고 쌓아 왔던 전문성은 이미 과거가 된다. 실용 학문에서는 이런 일이 비일비재하다. 순수 학문은 반대다. 상대적으로 학위의 유효 기간은 길지만 사회에서의 쓰임새가 낮아 사회 활동의 기회는 훨씬 적다. 학문 탐구 자체가 목적이라면 굳이 이런 현실에 연연할 필요 없다. 하지만 그 학위의 사회적 가치를 고려하면 상황은 달라진다. 박사 학위가 가진 가치의 하락은 큰 상실감을 불러올 수 있다.

명문대 박사 학위는 쉽게 받지 못한다. 과거보다 그 숫자가 크게 늘었지만, 여전히 꽤 많은 시간과 노력이 필요하다. 그 지식이 실용적이든 그렇지 않든 한 분야에 정통한 지식이라는 것은 단기간에 뚝딱 생기지 않는다. 그래서 자부심도 꽤 높다. 물론 자부심 느낄만한 일이다. 하지만, 그 자부심이 자칫 독이 될 수도 있다. 그 분야 전문가라는 자부심이 '내가 누구보다 잘 아는데'라는 오만이 되어 자신을 내려놓지 못하게 할 수 있다. 깊이 들어가면 나오기도 그만큼 힘들다. 경험의 함정은 깊고, 많이 가진 자가 쉽게 빠지는 위험이다. 박사 학위도 마찬가지다. 앞서가는 자가 되기 위해서는 안주하지 않는 끊임없는 도전, 새로운 흡수와 진화가 필수적이다. 빠르게 변화하는 흐름에 능동적으로 대응해야 한다. 박사 학위가 만능열쇠이던 시대는 끝났다.

한우물을 파는 것이 미덕이던 과거와 달리 미래에는 여러 가지 직업을 거치는 것이 당연해진다. 단순히 직장을 여러 군데 거치는 수준이 아니라 전혀 다른 직업으로, 시대와 상황에 맞게 수시로 쏟아지는 새로운 정보와 지식을 상시로 받아들여 진화해야 한다. 그것이 생존을 위한 최우선이다.

그래도 명문대 박사 학위 정도면 없는 것보다 있는 것이 훨씬 유리하지 않겠냐고 생각하는 사람이 많다. 맞다. 있는 게 낫다. 명문대 박사 학위가 무조건 독이 된다는 것은 비약일 수 있다. 가령 박사가 자기 계발을 게을리하지 않고 새로운 것을 받아들이고 진화를 거듭한다면 더 강력한 경쟁력을 가질 수 있다. 이런 박사들이라면 환영

할 만하다. 다만 박사 학위 자체에 대한 환상이나 기대는 내려놓아야 한다. 박사 학위 자체가 아니라 사람의 태도가 독을 부를 수 있음을 기억하자.

고졸 채용이 다시 늘어나는 이유

2012년 4월 고용노동부가 발표한 '2011~2020 중장기 인력수급 전망'에 따르면 고졸자의 일자리는 앞으로 10년간 32만 명이 부족한데 반해, 전문대졸 이상 일자리는 수요보다 공급이 50만 명 이상 많을 것으로 전망했다. 따라서 고졸자의 취업문은 지금보다 더 넓어질 것이다. 대학 진학률이 최근 몇 년 새 정점을 찍고 줄어드는 추세에서 이런 흐름은 앞으로 더욱 대학 졸업장의 가치를 다시 생각하게 한다.

과거에는 부모가 못 배운 한을 자식에게 푼다고 무조건 대학을 보냈지만, 요즘은 그렇지도 않다. 현대중공업·현대자동차 등 현대의 생산직 노동자가 많은 울산은 대학 중퇴자들이 상대적으로 많다. 대학을 다니던 자녀가 부모의 추천으로 생산직에 입사하는 경우가 늘어서라는데, 자녀의 등록금을 회사에서 지원하는데도 대학을 중퇴한다는 것은 허울 좋은 대학 졸업장보다는 현실적인 일자리가 더 중요해졌음을 보여 주는 사례다.

국가도 공무원 선발 시험에서 고졸자의 기회를 확대하고 있다.

2012년 4월 행정안전부는 9급 공무원 공채 시험에 고등학교 교과목인 사회·과학·수학을 추가로 선택할 수 있도록 하는 내용의 공무원임용시험령과 지방공무원임용령을 잇달아 입법 예고했다. 사실 과거에는 9급 공무원 응시자의 대부분이 고졸자였는데, 점점 그 자리를 대졸자들이 채우더니 이제는 고졸자들이 들어올 틈이 없어졌다. 고졸자에게 상대적으로 유리한 배려를 하는 것은 불필요한 고학력 인플레이션을 견제하고, 동시에 대학 졸업장보다 일자리가 훨씬 중요함을 보여 주려는 정부의 정책 의지이기도 하다.

대기업도 예외는 아니다. 2011년 대우조선해양에서 100명을 뽑는 고졸자 공개 채용에서 3199명이 지원해 경쟁률 32대 1을 기록했다. 더욱 놀라운 것은 내신 1~2등급 지원자만 500명이었고, 과학고와 외국어고 등 특목고 지원자도 10여 명에 이를 정도로 실력을 갖춘 고3 학생들이 대학 대신 취업을 선택했다는 사실이다. 과거에는 상고 출신을 많이 채용했던 금융권도 다시 고졸 채용에 의지를 보이기 시작했다.

유럽 재정 위기 속에서도 가장 튼튼한 재정을 자랑하며 유럽의 든든한 맏형을 자임하는 독일의 가장 큰 경쟁력은 합리성이다. 불필요한 거품을 만들지 않았다. 세련되지는 않았지만, 위기 때는 그 우직함이 더 돋보인다. 마찬가지로 교육에서도 고학력 거품이 아니라 실용 교육에 보다 집중했다. 특히 고등학교의 직업 교육을 통해 대학이 아닌 고등학교 졸업만으로도 충분히 사회 진출을 가능하게 했다. 이제 우리도 안정적인 미래를 위해 명문대 졸업장이 아닌 직업 전문성과 경쟁력을 키워야 하는 때가 왔다. 대학 졸업장이 실용성을 상실했다면, 이제 과감히 칼을 대고 경쟁력을 갖출 수 있는 교육으로 거듭나야 한다.

폭스콘이 **로봇 100만 대를** 생산 설비에 **투입**하는 이유는?

아이폰이나 아이패드 등 애플의 제품을 독점 제조·생산하는 하청 업체 폭스콘은 공장은 중국이지만 모회사인 홍하이 그룹은 대만 기업이다. 사실 '폭스콘이 없으면 세계 IT 산업의 제조는 누가 할까' 할 정도로 애플만이 아니라 DELL, HP, 팬텍, 삼성전자 등도 폭스콘에 하청을 맡기고 있다. 전체 작업 물량 중 애플 물량은 20%에 불과할 정도로 폭스콘은 중국의 값싼 노동력을 기반으로 세계적인 IT 기업의 생산 기지이자 전자 제품 하청 업체로 성장했다.

하지만, 승승장구하는 폭스콘의 이면에는 어두운 그림자가 드리워져 있다. 연이은 노동자의 자살 때문이다. 120만 명의 노동자가 생산 설비에 투입되어 있는데 열악한 근무 환경 때문에 자살하는 노동자들이 생겼고, 사회의 비난도 집중 되었다. 그럴 때마다 임금도 올리고 환경 개선도 했지만 이어지는 자살을 막기에는 역부족이었다. 이러는 동안 2005년 대비 2010년의 폭스콘 임금 수준은 두 배가 넘었고, 2010년 이후에도 큰 폭으로 계속 올랐다. 임금 수준은 꽤 높아졌고, 수익도 감소했다. 폭스콘으로서는 돈은 돈대로 쓰면서 노동자의 자살은 끊이지 않는 악순환이 반복되었다. 그러던 중 그들이 해결책으로 선택한 것이 로봇이었다.

로봇이 생산 노동자를 대체하는 것은 이미 진행 중인 현실

2011년 7월 말 폭스콘 사장은 흥미로운 발표를 했다. 3년 안에 도장, 용접, 조립 등 단순 작업부터 시작해 로봇 100만 대를 생산 설비에 투입하겠다는 내용이다. 거기에 폭스콘은 공장 내에 로봇 제조 설비까지 갖추기 시작했다. 산업용 로봇을 100만 대 투입하고, 다음에는 이 로봇들이 또 다른 산업용 로봇을 만들어 내는 것이다.

폭스콘이 도입한 로봇 가격은 대당 10만 위안 정도다. 노동자의 임금이 연간 3~4만 위안이니 로봇 한 대가 노동자 세 명 몫의 임금인 셈인데, 로봇은 24시간 완전 가동하면 하루 8시간 근무하는 사람에 비해 세 배나 많은 작업량을 소화한다고 한다. 게다가 로봇은 초기 구매비용을 투자하면 1년이면 회수하고, 그 이후로는 이익이 발생한다. 이 정도면 사람 대신 로봇을 투입하는 것이 매력적인 이유로 충분하다. 로봇 100만 대를 투입하려면 1000억 위안의 자금이 든다. 우리 돈으로 대략 18조 원 정도인데, 그룹 전체 매출이 2조 9900억 대만 달러로 한화로는 114조 원 수준이니, 로봇 구입에 사용되는 초기 투자 비용으로 적지는 않다. 하지만 폭스콘 그룹의 규모를 보고, 사람 대비 효율을 볼 때 충분히 해볼 만한 투자임은 틀림없다.

로봇을 생산 설비에 배치한다는 것은 많은 노동자가 일자리를 잃게 된다는 것을 의미한다. 이미 그런 불안감이 노동자들 사이에서 드러나 폭스콘은 노동자를 안심시키기 위해 고용에는 변동 없을 거라는 발표까지 했다. 물론 당장 노동자들이 대량 해고되는 사태는 벌어지지 않을 것이다. 하지만 본격적인 로봇 투입으로 자동화, 무인화가 완료된다면 대량 해고는 불가피하다.

사람을 대체하는 로봇의 배치는 중공업이나 자동차에 이어 IT에도 적용될 것이고, 그 외 다른 생산 설비도 마찬가지일 것이다. 머지않아 노동자는 로봇을 운용하는 관리자만 남고 사라진다고 해도 전혀 놀랄 일이 아니다.

2012년 1월, 인도 경제지 《이코노믹 타임스》에는 인도 전역의 자동차 공장에서 노동자와 로봇 간의 갈등이 예상된다는 흥미로운 기사가 나왔다. 전인도노동조합연맹 사무총장이 로봇 투입으로 일자리가 줄어 이 문제가 회사와 노조 간의 논쟁거리로 부상했다는 인터뷰도 있었다. 로봇과 사람의 일자리 갈등은 이미 시작되었다.

설비 투자와 일자리는 별개가 아니다

자동차 공장의 생산 설비 자동화는 언제나 중요한 과제였다. 이것이 곧 경쟁력이기에 자동화율을 높이기 위해 로봇을 투입하는 것은 모든 자동차 회사의 선택이었다. 자동화 초기 노조는 경계심을 갖거나 일자리 감소를 우려하지 않았다. '기계 몇 대 들어오는 것뿐인데'라는 식이었지, 그 기계들과 일자리 경쟁을 하게 될 것이라고는 생각조차 못했다. 그랬던 노동자들이 이제는 서서히 위기감을 느끼고 있다.

인도 남부의 첸나이 부근에 있는 현대자동차 인도 법인 공장에는 자동차 한 대를 생산하는데 1분이 채 안 걸린다. 2011년 기준으로 연간 60만 대 이상을 생산하는 이곳에는 정규직 1500명, 계약직 7000명 등 총 8500명 이상의 노동자가 근무하고 있고, 로봇은 300대 정도 있다. 숫자로 보면 사람 대 로봇의 비율은 비교도 안 될 정도지만 로봇의 생산성은 비교할 수 없다.

생산 설비에 투여하는 증가세도 주목할 필요가 있다. 최근 10년 사이 열 배 이상의 증가세를 보였기 때문이다. 이런 추세는 비단 현대자동차만이 아니다. 인도에 진출해 있는 혼다, 포드, 스즈키 등도 로봇의 투입 비율이 사람 대비 매년 높아지고 있다.

일자리는 절대 늘어나지 않는다

《월스트리트저널》은 2012년 1월 기사에 미국 경제가 회복세를 보이고 있지만 실업률이 많이 줄지 않는 이유가 기계나 로봇에 대한 투자 때문이라는 분석을 내놓았다. 경기 침체에 따라 초저금리 상황이 이어지면서 더 적은 비용으로 돈을 조달하게 되었고, 설비 투자에 따른 세제 혜택까지 받게 되면서 미국 기업들은 앞다투어 기계에 대한 투자를 늘렸다. 자연히 일자리는 더 줄고 실업률은 늘어났다. 《월스트리트저널》에 따르면 지난 2009년 이후 기계와 소프트웨어 투자는 31%가량 느는 동안 민간 부문의 고용은 1.4%만 늘었고, 미국 로봇산업연합회는 2011년 9월 기준 산업용 로봇 주문은 지난해 같은 기간보다 41% 증가했다고 밝혔다.

기계톱을 생산하는 독일 스틸 사의 미국 법인은 2012년 버지니아 주 공장 규모를 두 배로 늘리기 위해 1000만 달러 투자 계획을 세웠는데, 신규 고용 인력은 생산 로봇을 관리하는 최소한의 인원인 여섯 명에 불과하다고 한다. 이 회사의 기존 공장도 로봇 120대에 관리 직원 일곱 명이었고, 미국 써니딜라이트 음료도 미국 내 다섯 개 주스 공장에 7000만 달러를 투자하면서도 신규 고용은 거의 하지 않았다. 과거 초과 근무로 생산량을 늘렸다면 이제는 생산 자동화를 통해 기계가 그 일을 대신하고 있다. 완전한 무인 공장들도 가시화된다. 산업용 로봇을 생산하는 일본의 Fanuc Ltd. 회사에서는 산업용 로봇을 또 다른 산업용 로봇이 만들어 낸다. 로봇이 로봇에 의해 생산되는 무인 공장이다. 제조업에서 이런 무인 공장은 빠르게 확대할 전망이다.

 로봇 산업의 활성화에 맞춰 '로봇 대여 사업'도 확산하고 있다. 용접공이 귀해지면서 임금도 올라가는 상황에서 용접 로봇은 좋은 대안이다. 하지만 대기업이라면 몰라도 작은 기업들이 로봇에 투자하는 것은 당장 큰 부담이다. 중국에서는 이런 회사들을 위해 2011년 로봇을 월 단위로 빌려주는 사업이 시작되었다. 오릭스렌텍이라는 이 회사는 로봇 가격의 5%를 월 대여료로 받고 빌려주는데 20개월이면 초기 투자비를 충분히 회수할 수 있다. 이 회사는 대여 로봇의 수량을 3년 내 1000대까지 확대할 계획이다. 이런 로봇 대여 사업은 전 세계로 확대 중이며, 국내에서도 새롭게 자리 잡을 비즈니스 모델로 관심을 끌고 있다. 산업용 로봇의 수요가 점점 증가하고 있는 상황에서 로봇 관련 비즈니스 기회는 점점 많아질 것이다.

로봇은 아주 **먼 미래**에나 **등장**하는 거 아닌가?

사실 아직도 로봇은 우리에게 먼 개념이다. 아무리 로봇과 일자리의 관계를 거듭 강조해도 공장의 생산 설비 요소에 해당하는 공장 자동화 로봇은 아직 실감하지 못하는 경우가 많다. 더욱이 우리 아이는 나중에 생산직 노동자가 될 생각도 없고, 절대 그렇게 되도록 놔두지 않을 거라는 엄마들의 자신감은 이런 현실의 변화에 더욱 무감각하게 만든다. 설마 로봇이 생산직 일자리만 뺏을 거로 생각하는가? 로봇이 순진한 당신의 바람처럼 지금 이 수준에만 머물러 있을까?

대부분 사람에게 로봇은 아직 SF 영화나 애니메이션에만 존재하고 있는데, 우리 머릿속 로봇 이미지는 이미 수십 년 전에 만들어진 영상물에서 온 게 대부분이다. 집안에 로봇 청소기라고 이름 붙여진 도구가 있지만, 그것은 우리가 그리던 로봇에 한참 못 미친다. 사람처럼 생긴데다 직립 보행까지 가능한 휴머노이드 로봇 혼다의 '아시모'마저도 아직 부족하다고 여기는 마당이다. 아톰까지는 바라지도 않는다. 로봇이라 제대로 이름 붙이려면 스타워즈에 나오는 R2D2나 C3PO 정도는 되어야 우리 눈높이를 충족한다. 그래야 일상이나 업무에서 제대로 활용할 수 있기 때문이다. 이런 로봇들이 일상화된다면 일자리는 물론이고 가족의 역할도 손색없어진다.

그렇다면 수십 년간 로봇 이미지가 고정되는 동안 과학 기술은 정체되어 있었을까? 인터넷과 모바일이 일상 깊숙이 파고들었고, 스마트폰을 위시한 각종 스마트 미디어와 기술들이 우리를 증강인류augmented humanity라 부를 정도로 놀라운 능력 확장을 가능하게 해 주었다. 굳이 사람처럼 생긴 휴머노이드 로봇이 아니라도 이미 우리 주변 대부분의 도구가 전자화되었고, 전자화된 도구들은 네트워크를 이루며 점점 스마트해졌다. 우리 주변의 모든 것이 상상에만 존재했던 로봇이 있는 미래를 현실로 바꾸어 놓고 있다.

당신은 이미 미래에 살고 있다

어릴 적 우리 집 마당에 있는 앵두나무를 보면 괜히 옆집 살구나무가 부러웠다. 그러면서 '나무 한 그루에 여러 가지 열매가 함께 열리면 얼마나 좋을까?' 엉뚱한 생각을 하기도 했다. 복숭아, 자두, 앵두, 살구, 매실이 한꺼번에 주렁주렁 매달려 있는 나무를 그려 놓고 따먹는 상상을 하며 괜히 혼자 싱글벙글하기도 했다. 그런데 몇 년 전 정말 나무 한 그루에서 여러 가지 열매가 열리는 연구를 하는 기사를 보고 얼마나 반가웠는지 모른다. 상상만 했던 일이 현실로 나타나다니, 그 자체로 정말 신이 나는 일이었다.

미래의 모습도 마찬가지다. 우리가 애니메이션이나 영화, 소설로

접하는 SF 장르는 실제 과학 기술의 진화에 큰 영향을 주었다. 누군가의 상상이 그려 낸 미래를 또 다른 누군가는 실제 구현하기 위해 기술 개발에 매진하기 때문이다. 상상이 이래서 중요하다. 머릿속에만 있던 생각을 그림으로 옮기면 전 세계의 수많은 연구자가 관심을 둔다. 스타워즈나 아톰 등 매력적인 로봇이 등장하는 SF 영화에는 열성적 마니아들이 수십 년째 존재하고, 이런 에너지가 과학 기술의 발전에 영향을 미쳤다.

작고 귀여운 어린이로만 보이는 아톰의 실제 나이는 이미 환갑이 넘었고, 만화 속에서 탄생하는 미래로 그린 시점이 2003년이다. 아톰이 존재하던 미래가 이미 10년 전 과거가 되었다.

누군가의 미래가 누군가에게는 과거가 되듯 엄마의 미래는 아이의 현재이자 과거가 될 수 있다. 그러니 '설마 그런 로봇을 쓰는 시대가 그렇게 빨리 오겠어?'라고 말하지 말자. 당신의 아이들이 사회에 진출할 날은 아직 10년 이상이나 남지 않았는가. 10년이면 현재의 당신은 상상도 못할 일이 너무 당연한 현실이 될 수 있는 충분한 시간이다. 요즘에는 강산도 1년이면 변한다. 그러니 미래를 너무 멀게 보지 마라. 이미 당신 코앞에 와 있을 수 있다.

로봇은 사람의 보조자로 가장 효과적인 도구

남녀노소 누구나 사랑하는 패션 아이템 '청바지'. 청바지 중에도 세계인의 뜨거운 사랑을 받는 브랜드 '리바이스'는 어떻게 탄생했을까? 독일 출신의 리바이 스트라우스Levi Strauss가 캔버스 천을 잔뜩 들고 샌프란시스코에 도착한 때는 골드 러쉬Gold Lush가 한창이던 1850년이었다. 그에게 당시 미국 서부는 텐트용 천의 수요가 넘쳤던 곳으로 신천지나 마찬가지였다. 그러나 생각만큼 장사는 신통치 않았고, 밤마다 한쪽에 잔뜩 쌓여 있는 물건을 어떻게 처치해야 할지 고민했다. 그러던 어느 날, 그의 고민을 훌훌 털어 줄 새로운 아이템을 발견했다. 바로 작업복이다.

험한 광산 일을 하다 보면 바지의 무릎이나 밑단은 어느새 닳아 버렸다. 자연히 시장에서 작업복은 늘 인기였고, 물량이 부족할 때가 빈번했다.

스트라우스는 당장 캔버스 천으로 멜빵과 가슴에 주머니가 달린 튼튼한 작업 바지를 만들었다. 제품은 예상보다 훨씬 인기 있었고, 사람들은 달리 제품명이 없었던 이 바지를 '리바이의 바지'라고 불렀다. 리바이스라는 브랜드의 시작이었다. 험준한 환경에서 일하는 사람들에게 튼튼한 작업복은 무엇보다 필요한 상품이었고, 스트라우스는 그 필요를 잘 파악해 세계 최고의 청바지를 만든 것이다. 필요는 발명의 어머니다. 어떤 기술이나 제품에 대한 필요가 크다면 그것이 상품화될 가능성은 높아진다. 특히 필요라는 것이 돈을 많이 가진 사람들의 필요라면 두말할 것도 없다.

한때 상품으로서의 로봇은 장난감이었다. 로봇에 대한 욕구는 크지만 그것을 구현할 기술 수준이 높지 않았고, 자연스럽게 이 상품의 소비자는 어린이들로 한정되었다. 그러다 로봇 청소기를 기점으로 로봇은 장난감에서 생활 도구로 영역을 확장하며, 단순한 생활 도구에서 생활의 보조자 혹은 동반자로 승격했다. 이제 앞으로 로봇은 생활을 넘어 업무 보조자로 활용하다가 결국에는 웬만한 업무는 능수능란하게 수행하는 인간 노동력의 대체재가 될 것이다.

요즘 주차장에는 자동차 번호를 자동 인식하는 시스템이 있고 정산도 기계에서 직접 하는 빌딩들이 많아졌다. 주차장 입구에서 정산하던 사람이 없어진 것이다. 아파트에도 출입구마다 비밀번호로 문을 열게 하면서 기존의 경비 직원을 속속 내몰고 있다. 이런 식으로 일자리를 잃어버린 사람들을 전국적으로, 아니 전 세계적으로 따져본다면 그 숫자는 상상을 초월할 만큼이다. 로봇은 이미 공장이나 최첨단 설비가 필요한 곳을 넘어 일상 곳곳까지 치고 들어와 사람들의 일자리를 뺏고 있다. 자동화가 효율성과 비용 절감의 다른 말이 되면서 점점 사람의 일자리를 위협하고 있다.

사람보다 로봇이 더 효율적이라 여기는 고용주

당신이 미래의 고용주라 생각해 보자. 사람보다 실수도 적고, 사생활의 변수로 컨디션에 영향을 받을 일도 없고, 복지 불만은커녕 임금 인상을 요구도, 파업도 하지 않는 로봇을 두고 인간을 고용할 것인가? 게다가 업무 속도는 더 빠르고 같은 일을 수년 동안 반복해도 전혀 흐트러짐 없고 지루해하지도 않는다. 업무 시간에 주식 투자도 하지 않고 노동조합을 만들지도 않는다. 이런 로봇을 두고 사람을 고용하는 고용주가 과연 얼마나 될까?

물론 이런 로봇이 반란을 일으켜 인간을 지배한다거나 하는 SF적인 상상력은 잠시 묻어 둬라. 이런 이유야말로 로봇이 인간의 노동력을 대체하는 데 장벽이 될 수는 없기 때문이다. 우리의 의지나 호불호와 상관없이 지능화된 첨단 로봇이 우리 일자리를 대체하는 것은 거역하지 못할 흐름이다. 불과 몇 년 전만 해도 스마트폰이 일상과 비즈니스를 이렇게 바꿀 줄은 상상도 못했지만, 스마트폰은 등장과 함께 놀라운 속도로 우리의 생각과 일상을 변화시켰다. 그전에도 인터넷의 대중화가 지금 스마트폰이 바꾸어 놓은 혁신적 변화만큼이나 우리를 변화시켰던 경험이 있다. 이렇듯 새로운 기술 문명은 상상도 못했던 일을 현실로 만들고, 우리는 별다른 저항 없이 자연스럽게 기술 문명 속에 녹아들어 첨단 기술이 주는 편리와 효율을 맘껏 누리게 된다. 그러니 로봇이 우리에게 미칠 영향에 대해 간과해서는 안 된다. 미래에 우리가 만날 로봇은 지금 당신의 집에 있는 바닥을 청소하느라 기어 다니는 로봇 청소기 수준이 아니며, 그 미래라는 것이 아주 멀리 있지도 않다. 여러 산업 현장에서는 이미 꽤 똘똘한 로봇들이 활약하고 있다. 당신 아이가 성인이 될 정도면 우리가 스마트폰에서 경험했던 놀라움 이상의 놀라움을 로봇이 다시 재현할 것이라는 데는 전문가들도 이견이 없다.

앞서 말했듯이 공장에서는 로봇을 통한 자동화가 이미 꽤 이루어졌으며, 생산 현장의 블루칼라에서 시작해 이제는 서비스업의 단순 노동자들의 일자리도 위협하고 있다. 대형 할인점이나 슈퍼마켓에서는 RFID를 활용하면 자동 계산되어 카드 결제까지 이루어진다. 결국 생산직 노동자나 단순 노동자들의 설 자리는 점점 줄어들 수밖에 없다.

로봇이 생산직만 대체하는 것은 아니다. 사람이 할 수 있는 것 중 꽤 많은 것을 대신할 수 있게 되었다. 이제 본격적으로 화이트칼라의 일자리를 대체하기 시작했고, 앞으로는 전문직까지 속속 대체할 수 있다. 로봇 산업은 미래의 가장 큰 먹거리 중 하나다. 현재의 스마트폰 혁명이 준 것보다 훨씬 큰 영향이자 새로운 기회를 안겨줄 것이다. 물론 누군가에게는 위기를 안겨주겠지만.

PART 2

당신의 아이는 미래에 어떤 직업을 가져야 할까?

당신의 아이가 돈도 많이 벌고 사회에서 존경과 권위도 누리는 직업을 가진다면 얼마나 좋을까? 첫 월급을 받아 선물을 사온다면 눈물이 쏟아질지도 모른다. 엄마들이 자식 교육에 모든 것을 쏟는 이유는 아이들이 좋은 직업을 가지고 안정적인 생활을 할 수 있기를 바라기 때문이다. 그런데 문제는 정작 엄마들이 미래 유망 직종을 제대로 이해하고 있지 못하다는 점이다. 여전히 남들이 좋다고 생각하는 의사, 교수, 변호사나 고위 공무원만 염두에 두고 있는 경우가 많다. 만약 당신이 준비하던 미래와 막상 맞게되는 미래의 모습이 다르다면 온갖 공을 들여 키운 아이는 누구를 가장 원망할까?

내비게이션을
업그레이드하고
실시간 교통 정보 서비스까지
지원해야 가장 최선의
길 찾기를 하듯
엄마들의 상식도
업그레이드가 필요하다.

당신의 아이는 미래에
어떤 직업을 가져야 할까?

아이들의 **꿈이** 점점 더
작아지고 있다

2012년 3월 SBS의 '세대공감 1억 퀴즈쇼'라는 프로그램에서 "2012년 현재 초등학생의 장래희망 1위는 무엇일까요?"라는 문제가 나왔다. 이런 문제라면 당연히 대통령이나 과학자, 판사, 의사 등이 나와야 하지 않을까? 하지만 정답은 예상을 크게 빗나갔다. 놀랍게도 1위가 공무원이었다. 정년이 보장되는 안정성이 초등학생들의 눈에도 꽤 매력적으로 보였나 보다. 정말 씁쓸한 일이 아닐 수 없다. 큰 꿈을 가슴에 품고 최고 행복한 미래를 상상해야 할 초등학생들이 공무원을 장래 희망으로 꼽은 것은 전적으로 부모 탓이다. 일상에서 돈 타령, 안정적인 직장 이야기를 얼마나 많이 했으면 우리 아이들의 꿈이 공무원에 머물러 있는가 싶다. 가정의 영향은 꽤 크다. 부모의 가치관이 자연스럽게 아이에게 주입되기 마련이다. 가정 교육이나 환경을 중시하는 것은 가치관과 인생관, 직업관을 결정짓는 밑바탕이 되기 때문이다.

교육은 성적을 올리는 것이 중심이어서는 안 된다. 아이가 진정 행복할 수 있는 방향으로 뱃머리를 돌려야 한다. 제대로 방향만 잡을 수 있다면 굳이 서두르지 않아도 아이는 스스로 목적지에 도달하는 힘을 기를 수 있다. 서두르지 않고 꾸준히 가면 분명 성과가 있다. 하지만 방향도 제대로 잡지 못한 채 빨리 가려고만 한다면 그야말로 이도 저도 아닌 인생을 살게 된다. 부모는 아이가 방향을 정하는 데 가장 큰 역할을 하는 존재다. 정말 아이가 공무원이 되기를 바라는가? 물론 공무원도 좋은 직업이다. 하지만 우리 아이들이 좀 더 높은 이상, 더 큰 가치를 꿈꾸는 것도 멋진 일 아닌가.

사실 우리가 최고로 생각하는 직업의 안정성이란 것도 현재 그렇다는 것이지 10년 뒤에도 반드시 유효하리라는 보장이 없다. 공무원만 해도 그렇다. 유럽 국가들은 쉽게 해소되지 않는 재정위기 극복을 위해 이미 공무원을 감축하고 있다. 전 세계적으로도 국가 재정에서 인건비가 차지하는 고정비용을 줄이기 위해 공무원 수를 줄이거나 효율적으로 활용하는 것을 진지하게 논의하고 있다. 게다가 공무원의 단순 사무 업무나 서비스 업무는 로봇이 대체하기에 얼마나 적절한가. 그러니 '공무원은 철밥통'이라는 말을 여전히 신봉하는 엄마들은 아이의 미래를 망치고 싶지 않다면 당장 생각을 전환해야 한다. 벌써 현실적이고 안정적인 꿈을 꾸는 아이들이 어떻게 현실의 벽을 넘어 강한 사람으로 거듭나는 힘을 가질 수 있겠나. 밥 먹고 안정적으로 사는 것이 인생 전부일까? 엄마들의 잘못된 직업관이나 사회관, 경제관은 아이를 나약한 사회인으로 만들고, 망치는 주범이다.

참고로 1980년대 초등학생의 장래 희망 1위는 대통령이었고, 1990년대는 의사였다. 그밖에 과학자, 우주 비행사, 교수, 경영자, 경찰, 간호사, 선생님 등도 자주 거론되던 장래 희망이었다. 80~90년대만 해도 아이들은 마치 경쟁이라도 하듯 크고 원대한 꿈을 가슴에 품었다. 그런데 아이들의 꿈이 비슷해졌다. 어른들의 꿈을 닮아간다. 현실에 안주하는 아이, 정말 당신이 원하는 것이 포부도 없이 안정적인 밥벌이 하겠다며 공무원이 되고 싶다는 아이인가?

왜 부모는 아이의 **적성**을 **궁금**해 하지 않을까?

지금부터 이 책에서 다루는 내용을 오해 없이 이해하기를 바란다. 분명 의사, 교수, 변호사는 최고의 직업이다. 필자도 어릴 적 법정 영화를 즐겨보며 변호사를 꿈꿨고, 대학 강단에서 강의하며 대학 교수를 꿈꾸기도 했다. 아마 많은 사람이 이런 직업을 동경할 것이다. 그만큼 매력적이기 때문이다. 사회적 지위나 부, 명예를 떠나 사람을 살리고, 미래를 만들고, 문제를 해결하는 역할은 인류에게 중요한 일이다. 당연히 이 책에서는 직업적 가치 자체를 이야기하려는 게 아니다. 그 직업을 바라보는 사람들이 가진 사회적 가치, 즉 세속적 성공이라는 기준에서 새로운 의견이자 참고할 기준을 제시하는 것뿐이다.

적성보다 부와 명예가 우선인 선택을 강요하는 게 부모의 역할?

분명 우리 사회에는 부모가 자녀의 적성과는 상관없이 억지로라도 시키고 싶은 직업이 있다. 의사, 교수, 변호사가 대표적이다. 사회적 지위와 경제적 성공이 동시에 따라올 것이라고 굳게 믿기 때문이다. 적성에 맞지 않는데도 억지로 가수를 시켰다는 부모는 본 적 없다. 의사 되고 싶다는 자식에게 그림을 그리라고 미대에 보내는 부모도 없다. 만약 우리 사회에서 의사와 변호사가 돈 잘 버는 직업이 아니고 소방관이나 화가가 부와 명예를 가지는 직업이라 가정해 보자. 아마 적성과 관계없이 소방관이나 화가가 되라고 다그치는 부모가 많아질 것이다.

실제로 부모는 자녀의 전공과 직업 선택에 많은 영향을 미친다. 그것이 부모가 해야할 일이라 생각하고, 자녀의 미래를 위한 최선의 선택을 찾아줄 수 있다고 믿는다. 그런 믿음이 아니라면 굳이 직업을 강요할 리 없다. 간혹 부모가 하고 싶었던 일을 자녀가 대신하기를 바라는 일종의 대리 만족이 있기는 하다. 분명한 것은 이런 경우도 그 직업이 사회적 지위와 부, 명예를 충족시키는 경우가 많다.

적성도 안 맞는데 부와 명예도 사라지면 누가 책임질까?

직업의 미래는 예측하기 어렵다. 새로운 기술과 산업이 빠른 속도로 등장하는데다, 외부 변수도 많고 워낙 다양한 요소의 영향을 받기 때문이다. 현재의 유망 직업도 10년, 20년 후 돈 안 되는 직업이 될 수도 있다. 적어도 적성에 안 맞는 일을 아이에게 권하고 강요할 때는 그 직업의 미래를 좀 더 자세히 들여다볼 필요가 있다. 아이의 적성이 의사나 법조인이 맞고, 본인도 간절히 원한다면 이보다 더 좋은 선택도 없다. 무엇보다 적성에 맞는 일을 직업으로 가질 때 직업 만족도는 자연히 높아진다.

우리가 적성을 무시하고 특정 직업을 선호하는 것은 그 직업이 가진 사회적·경제적 가치 때문이다. 돈 잘 벌고 권위가 생기는 직업이 안정적인 미래를 보장할 거라 여기기 때문이다. 그런데 만약 아이의 적성을 무시해도 될 만큼 강력했던 그 직업의 가치에 균열이 생긴다면 어떻게 할 것인가? 그렇다고 의사, 교수, 변호사라는 직업을 회의적으로 보라는 것은 아니다. 다만 적성에 맞지 않는 직업을 강요할 때에는 적어도 적성을 포기할 만큼의 보상을 고려하지 않으면 안 된다. 아이에게 직업을 강요했는데 기대만큼 부와 명예를 얻을 수 없게 되는 상황을 맞이한다면 어떻게 할 것인가. 적어도 '적성'과 '미래 가치'를 더 중요하게 고려할 시기를 맞은 것은 아닌지 생각해 볼 때다. 그런 의미에서 지금부터 의사, 변호사, 교수의 직업에 생긴 지위의 변화를 소개한다.

의대를 자퇴하는 아이들이 늘고 있다

돈 잘 버는 직업이 좋은 직업이라면, 이제 의사는 그 범주에서 빼도 좋다. 여전히 엄마들의 로망인 의사는 미래에도 유망 직업일 거라는 잘못된 상식의 대표적인 예다. 의사의 사회적 지위나 가치는 이미 10년 전부터 하향세였다. 과거보다 아주 치열한 경쟁에 직면했고, 터무니없이 낮은 연봉을 받는 의사들도 꽤 있다. 각종 불법, 탈법의 유혹에 빠지는 의사들이 늘어나는 것도 의사의 먹고살기가 팍팍해졌음을 간접적으로 보여 준다.

의사, 좋던 시절은 갔다

우리나라 의사는 매년 3천 명씩 새로 생기고 있다. 전국 42대 대학 병원에서 나오는 전문의 숫자만 매년 이 정도다. 이들 중 대학 병원이나 종합 병원에 의사로 채용되는 비율이 10%, 일반 병원이나 의원의 월급 의사는 40%, 병원이 아닌 제약 회사나 보건 관련 기관으로 가는 경우가 10%, 그리고 나머지 40%가 개업을 한다. 매년 3천 명 중 40%가 경험도 없이 전문의가 되자마자 바로 개업을 해야 하는 상황이다. 대형 병원은 고사하고 이미 자리를 잡고 있는 동네 병·의원과도 싸워야 하는데, 전쟁터에 신병이 총 한 자루 들고 뛰어드는 격이다. 이들의 출혈 경쟁은 불 보듯 뻔하고, 폐업과 파산도 늘어나고 있다. 그 과정에서 경제적 이유 때문에 불법 행위에 손대는 경우도 늘어난다. 진료비 과다 청구나 비싼 진료, 불필요한 시술을 강권하는 의사가 많은 것도 같은 맥락이다. 대출금을 갚으려면, 직원들 월급 주려면, 임대료를 내려면, 품위 유지를 하려면 돈이 많이 드다. 치열한 경쟁과 도태, 대출로 이룬 개업, 불법과 부정은 명쾌한 인과관계다.

은행권에서 의사는 여전히 VIP이지만 그 대접이 예전 같지만은 않다. 시티은행은 의사들의 대출 한도를 5억 원에서 3억 원으로 이미 수년 전에 줄였고, 신한은행도 3억 원에서 2억 5천 만원, 하나은행은 3억 원에서 2억 원으로 대폭 축소했다. 이마저도 점차 더 줄어들 기세이니 의사들에게도 혹독한 계절이 다가오고 있다. 은행권에서는 의사와 한의사 중 신용불량자 비율이 20~30%에 이를 것이라는 추정도 나온다. 대출금을 갚지 못해 진료비를 압류당하는 병·의원도 급증했다. 국민건강보험공단의 '최근 5년간 의료 기관 건강 보험 급여비 압류 현황'에 따르면 2006년에는 200억 6900만 원이었던 압류 금액이 2009년에는 907억 8000만 원으로 4.5배 급증했다. 2010년은 상반기 집계만 635억 1400만 원에 달한다. 2005년 이후 폐업하는 병원은 매년 100여 개, 의원은 1800여 개에 이른다고 한다.

한의사도 다를 바 없다. 전국 11개 한의과 대학에서 매년 750~800명의 한의사가 배출되고 있고, 전체 한의사 수는 1만 6천여 명에 이른다. 대한한의사협회에서 추정하는 우리나라 적정 한의사 수가 5천 명 정도인데 현실은 세 배 이상 많으니 매년 1200개가 넘는 한의원이 문을 닫는 것도 놀라운 일이 아니다.

병·의원과 한의원을 합치면 매년 3200개 가까운 병원이 문을 닫는 상황에서 배출되는 의료 인력은 계속 증가하는데, 개업은 엄두를 못내니 이들의 구직 시장도 치열해지고 있다. 자연히 월급쟁이 의사들의 연봉 수준은 급격히 낮아지고 있다. 인기 신랑감 순위에서도 밀려나는 분위기다. 이런 상황은 앞으로 더 심화할 텐데 여전히 의대 진학에 목숨 걸거나, 한의대나 의학전문대학원 가겠다고 잘 다니던 회사를 그만두는 사람들이 많다. 막상 그 세계에 들어가서야 짙은 그림자가 제대로 보이지 밖에서 볼 때에는 장밋빛 환상과 기대를 쉽게 버리지 못한다.

의사 10명 중 9명이 자녀에게 의사 되지 말라고 권한다고?

기득권을 가지고 있는 대형 병원을 제외한 개인 병원은 임대료와 직원들 월급 주기도 빠듯하다. 얼마 전만 해도 빚을 내서라도 개원하는 게 당연했다. 하지만 의사가 개원만 하면 사업 유지가 되었던 과거와 달리 의료 시장은 이미 포화 상태에 다다랐다. 의사 면허를 가진 이들이 10만 명이 넘었다고 하니 이는 산술적으로 국민 500명 당 의사 한 명이라는 뜻이다. 병원에서 홍보비가 차지하는 비중은 점점 늘어나고, 더 비싼 장비와 더 그럴듯한 인테리어는 병원이 생존하기 위한 필수 사항이 되었다. 홍보비를 얼마나 쓰느냐가 환자가 얼마나 늘어날 것인지를 가늠하게 되었고, 실제로 인터넷 검색 광고나 지하철, 버스 옆면도 병원 광고 일색이다. 치료만 잘하면 훌륭한 의사가 되는 시대는 지났다. 사업 수단이 좋은 의사, 매스컴에서 유명한 의사가 곧 유능한 의사로 평가받는 시대가 왔다. 결국 돈이다. 이제는 의대에서 경영과 마케팅, 홍보에 대해 가르치는 커리큘럼을 대폭 확대해야 할 판이다. 이제 의사는 치료만 잘해서 되는 게 아니라 고객 응대나 서비스에서부터 사업 수단도 필요하게 되었다. 의사의 쇠락 때문에 의대를 자퇴하는 아이들도 심심치 않게 보게 될 것이다. 미래에는 이것보다 더 심각해지면 졌지 절대 다시 과거 상황으로 돌아가지는 않는다. 물론, 아무리 강조해도 '썩어도 준치'라는 말처럼 의사가 다른 직업에 비해 월등히 낫다고 믿고 싶어하는 엄마들이 있다. 의사라는 직업의 가치는 갈수록 하락할 것이 분명한데도 말이다.

참고로 통계 하나를 덧붙인다. 2012년 3월 미국에서 의사 5천 명을 대상으로 한 설문 조사에 따르면, 의사 10명 중 9명이 자녀에게 의사가 되지 말라고 권한다고 한다. 의사가 정말 엄마들의 생각처럼 변함없이 최고의 직업이라면 의사들은 자식들의 미래를 걱정하지 않는 부모인 걸까? 아니다. 의사라는 직업의 가치 하락이 절대적으로 가시화된 것이다.

《포어사이트 네트워크》에서 발표한 2030년에 가장 주목받을 직종 중 주요 상위 직군이 의료 보건 분야다. 암 정복, 인공 장기, 원격 진료, 맞춤 치료, 유전자 치료 분야는 가장 성장성 높은 분야다. 원격 진료는 2015년 미국에서만 507조 원의 시장을 형성할 것으로 예측되고 있고, 조지워싱턴 대학교 빌 할랄 William E. Halal 교수가 바라보는 2013년 암을 치료하는 스마트 센서 관련 시장 규모는 260조 원에 이른다. 의료 분야에서는 노화도 질병으로 보는 추세다. 전 세계가 고령화되고 있다는 것은 의료 분야에서 더 큰 시장이 만들어지고 있다는 의미다. 다만 그동안 의료에서 의사가 중심이었다면, 이제는 바이오테크놀러지나 유전자 등 첨단 과학 기술이 그 중심 역할을 대신할 것이다. 의사의 쇠락은 서서히 가속할 필요충분조건을 갖춘 셈이다. 아이러니다. 의료 분야 자체에는 유망한 직업이 가장 많은데, 의사는 여의치 않다. 이런 흐름을 아는 것은 꽤 중요하다.

위기를 맞은 변호사들의
더 위험한 미래

위기에 처한 것은 의사만이 아니다. 변호사, 회계사 등 소위 '사'자 들어가는 직업들의 가치가 예전 같지 않다. 매년 수많은 전문직 자격증 소지자들이 신규로 진입하면서 그들의 가치도 떨어지고 있다. 전문직 자격증 하나로 먹고사는 시대는 끝났다. 전문직 자격증도 말 그대로 그냥 자격증일 뿐이다. 특화된 자신만의 경쟁력을 갖춰야만 그 자격증도 가치를 발하는 것이지, 자격증이 있다고 만사형통일 수는 없다.

사법연수원을 졸업하고도 일자리를 못 구하는 연수생이 절반

요즘 들어 법을 거스르는 변호사들의 이야기가 심심치 않게 들린다. 변호사들도 점점 먹고살기가 팍팍해지다 보니 더욱 그렇다. 변호사라는 좋은 직업을 두고 푼돈을 얻기 위해 사기를 친다는 것은 상상도 할 수 없는 일이었다. 하지만 어느 순간부터 이제는 뉴스거리도 안 될 정도다. 과거처럼 부와 명예를 거머쥘 것만 생각하던 이들에게 예상하지 못한 현실은 너무도 가혹할 것이다. 변호사가 좋았던 시절은 이미 과거다. 과거를 아직도 잊지 못하는 부모들이 아이에게 성공하는 길이라며 법조인의 꿈을 강요한다면 그 결과는 단순한 시대착오에 머물지 않을 것이다.

사법연수원 41기 연수생 절반 이상이 일자리를 구하지 못한 채 졸업했다고 한다. 변호사라는 타이틀만 있을 뿐 실상 백수와 다를 바 없는 셈이다. 그렇다고 새내기 변호사가 사무실을 내는 것도 만만치 않다. 이제 갓 변호사 타이틀을 손에 쥔 변호사에게 사건을 의뢰할 고객은 많지 않다. 과거처럼 화려하고 번듯한 사무실에서 목에 힘주고 변호사의 사회적 지위를 누리며 부와 명예를 가지던 시절은 끝났다. 설상가상 한미 FTA 체결로 외국의 대형 로펌들도 속속 진입하게 되면 국내 변호사들의 생존권은 더욱 위협받게 될 것이다. 물론 이런 상황을 기회로 삼는 변호사들도 나오겠지만, 이 기회 또한 선택된 소수만이 누릴 수 있을 뿐이다.

쏟아져 나오는 변호사, 공급 과잉은 가치 하락을 부른다

신규 변호사가 너무 많다. 2012년부터는 그 수가 더욱 늘어나 로스쿨 출신 변호사와 사법연수원 수료생을 합치면 연간 2500명의 변호사가 배출된다. 1980년대는 300여 명에 불과했던 신규 변호사가 1990년대에 500명으로 확대되었고, 최근에는 1000명을 넘어섰다. 로스쿨 출신 변호사 1500명까지 더해지면 1980년대 대비 연간 여덟 배에 이른다. 이대로 계속 누적되면 국내의 전체 변호사 수는 기하급수적으로 늘어날 전망이다.

치열한 생존 경쟁에 소송 수임료는 급속히 하락하고, 로펌에 들어가지 못한 변호사들은 어디든 일자리를 찾아 떠돌 것이다. 이전에는 모두 꺼리던 국선 전담 변호사 경쟁률이 10대 1에 이르고, 국민권익위원회는 사법연수원 출신 변호사를 일반 행정직 6급으로 채용했다. 6급이면 행정 고시 출신 5급 사무관은 물론 사법연수원생 신분보다 낮다. 사법 고시 출신 변호사가 6급 주사로 취직해 5급 행정 고시 출신 상관의 지휘를 받게 되는 셈이다. 법조인으로서는 자존심이 무너질 일이다. 사법연수생 대표와 대한변호사협회 간부가 국민권익위원회를 찾아가 '공개적인 모욕'이라며 항의도 했지만 바뀐 것은 없다. 그도 그럴 것이 치열한 생존 경쟁 속에서 사법 고시 출신이나, 로스쿨 출신이나 일자리를 구하지 못한 변호사들이 6급 채용이라고 마다할 리 없지 않은가. 대기업 법무팀에 들어가는 것은 그나마 양반이고, 노동단체나 사회단체에 들어가는 변호사도 많다. 낮아진 지위와 급여 수준으로 중소기업도 쉽게 변호사를 채용할 수 있게 되었다. 심지어 법무사가 낸 채용 공고에 지원하는 변호사도 생길 정도이니 아주 유능한 경우가 아니라면 평범한 월급쟁이와 크게 다를 바 없다 해도 과언은 아니다.

로스쿨 출신 변호사들의 현실은 조금 더 척박하다. 한 대형 증권사 법무팀은 로스쿨 출신 변호사를 법무팀이 아닌 일반 사원으로 뽑는 방안을 검토했고, 다른 대기업에서는 로펌에 사건을 의뢰할 때 담당 변호사 중 로스쿨 출신 변호사가 포함되면 이에 대한 인건비는 지급하지 않는다는 내부 방침을 정하기도 했다. 이는 앞으로 국내 기업들의 보편적인 방침이 될 가능성이 큰데, 실제로 로펌이나 기업에 수십 번 지원서를 내고도 줄줄이 떨어지는 변호사들도 꽤 있다. 큰 꿈을 품고 로스쿨을 다닌 이들에게는 힘 빠지는 현실이다. 가뜩이나 사법 고시 출신 변호사들의 상황도 호락호락하지 않은데, 로스쿨 출신 변호사는 오죽할까. 이런 양적 증가가 변호사라는 직업의 사회적 지위에 영향을 미치는 악순환은 앞으로도 해결하기 어려워 보인다.

광고에 적극적인 변호사들

생존 경쟁이 치열하다보니 의사와 마찬가지로 변호사도 광고에 적극적이다. 그동안 변호사는 자신을 광고로 드러내는 데 소극적이었다. 대한변호사협회의 변호사 업무 광고 규정이 광고를 엄격히 제한한 이유도 있지만, 광고가 변호사의 품위를 손상시킨다고 여겼기 때문이다. 그렇기 때문에 과거에는 변호사의 광고를 원칙적으로 금지하되 예외적으로 허용하는 식이었는데, 2007년 원칙적으로 허용하고 예외적으로 금지하는 형태로 개정되었다.

이제 변호사의 광고를 접하는 것은 어려운 일이 아니다. 병원이 쓰는 홍보비만큼 환자가 몰려오는 것처럼 변호사도 홍보는 기본이다. 아예 광고 규제 자체를 완전히 폐지해야 한다는 목소리를 내는 젊은 변호사도 많다. 상대적으로 인지도나 네트워크가 취약한 신규 변호사들로서는 광고로 승부 거는 것 말고는 마땅한 대안이 없다. 그래서 변호사들은 큰 비용이 들지 않으면서도 고객층에 쉽게 다가갈 수 있는 SNS에 적극적이다. 더는 변호사에게 광고는 품위를 해치는 것이 아닌 기본이자 필수가 되었다.

이래도 변호사나 법조인을 부와 명예를 보장하는 직업이라고 할 것인가? 법조인으로서의 사명감 때문이라면 상관없지만, 단순히 부와 명예가 목적이라면 다시 생각해 볼 필요가 있다. 정말 당신 아이의 미래를 걸어도 좋을 직업인가?

변호사의 매력적인 먹거리, 이혼시장의 몰락 조짐

이혼 시장은 변호사들에게 꽤 매력적인 밥그릇이다. 기업을 상대하는 대형 로펌을 제하면 고정 수입이 가장 많이 발생하는 일거리이기 때문이다. 우리나라 이혼 시장이 이렇게 클 수 있었던 이유 중 하나는 간통을 민사뿐 아니라 형사로도 따지는 몇 안 되는 나라에 속하기 때문이다. 이 법적 테두리가 없어져 이혼 소송이 줄어든다면 그 손실은 고스란히 변호사 업계로 오지 않을까. 그동안 간통을 법적으로 따질 문제냐는 논쟁이 이어져 왔지만 여전히 폐지하지 않은 것도 이런 이해관계가 얽혀서라는 해석도 크다. 이는 단순한 음모론이 아니다. 충분히 예상 가능한 시나리오다. 이혼 소송이 줄어든다고 이혼 자체가 줄어드는 것을 의미하지는 않는다. 이혼이 아주 일상적인 일이 되어 그 과정에서 다툼이나 감정 싸움이 줄고, 서로 주고받을 것만 나누는 것으로 그 절차와 협의가 간단해지면 굳이 법정까지 갈 일이 없다는 것이다.

네트워크의 활성화는 더 열성적으로 연애를 누릴 수 있는 충분한 환경을 제공한다. 많은 만남이 실시간으로 이루어지고, 소셜 데

이팅은 직접 이성 교제 기회를 제공한다. 이렇게 사귄 사람들이 선택하는 것은 자유연애다. 좀 더 긴밀해지고 함께 살고 싶다는 생각에서 선택하는 것은 결혼이 아닌 동거가 될 가능성이 높다. 굳이 법적인 테두리 안에서 관계 맺는 것이 아니라 쉽게 맺어진 만큼 헤어짐도 부담 없는 개인적이고 긴밀한 관계를 선호하게 될 것이다.

미국은 2010년 기준으로 이혼율이 49.5%에 이르는 세계 최고의 이혼 국가다. 놀라운 것은 혼인율도 세계 최고 수준인데 무려 90%에 이른다. 《사이콜로지 투데이》 2011년 2월 15일 자에 따르면 미국인들의 이혼 비율은 25년 사이 다섯 배 증가했다. 바꿔 말하면 쉽게 만나고 쉽게 헤어진다는 의미이기도 하고, 결혼에 대한 강박증이 줄고 결혼 제도를 대하는 태도가 더 자유로워졌다고 볼 수도 있다. 사실 무엇이든 무겁고 복잡할수록 그것을 둘러싼 문제는 더 많고, 해결하는 과정도 복잡한 법이다. 결혼을 개인 영역을 넘어 가족이나 사회 영역으로 보고 큰 의미를 부여하는 이들은 쉬운 결혼과 쉬운 이혼을 이해하기 힘들겠지만, 결혼을 개인 영역으로 보는 이들은 오히려 제도로서의 결혼보다 동거가 훨씬 합리적이라고 생각한다.

대부분 유럽 국가의 혼인율은 50% 수준이고, 영국, 벨기에, 독일 등이 상대적으로 높은 60%대 수준이다. 핀란드, 스웨덴 등은 40%대로 유럽 평균보다 낮다. 우리나라의 혼인율은 가까운 일본의 50%보다 높기는 하지만 서서히 50% 이하로 떨어지고 있는 중이다. 이런 추세가 계속된다면 2020년에는 어떤 변화가 생길까? 전 세계적으로 혼인율은 지금 수준의 반토막이 된다 해도 놀랄 것이 전혀 없다. 우리나라도 20대를 대상으로 하는 각종 조사를 보면 '결혼을 꼭 해야 할 것'으로 생각하는 남여의 평균 비율이 30% 수준에 머물고 있다. 이런 추세가 지속되면 결혼이라는 제도가 보편성에서 벗어나, 결국 소멸하거나 과거의 잔재가 되는 날이 올 수도 있다. 기존의 결혼 제도와 가족관을 신봉하는 이들에게는 다소 충격일 수 있겠지만, 이런 흐름은 일부러 조장하기도 어려울 만큼 거세고 현재 진행형이다.

미래학자 박영숙은 《이데일리》 연재 칼럼 '박영숙의 미래뉴스'에서 2040년에는 결혼 제도가 사라지고 남녀는 세 명의 느슨한 파트너와 관계를 맺을 것이라는 2005년의 《디플로마시》 예측을 인용했다. 아이는 좋은 DNA를 가진 상대와 낳고, 사랑은 몸과 마음이 끌리는 사람과 하고, 생활은 가사를 분담하고 서로 돌봐주기 좋은 사람과 살 수 있다는 것이다. 혼자 살면 외로우니 이성이든 동성이든 룸메이트를 두고 살면서 이성 교제도 하고, 아이는 좋은 유전자를 가진 상대와 낳고, 육아는 국가가 책임지는 미래를 상상해 보라. 공상만이 아니라 충분히 가능한 미래의 모습이다.

대학이 문을 닫고,
교수가 사라지는 시대

　대학 설립 조건이 완화하면서 우후죽순 생겨나던 대학에 빨간불이 켜졌다. 교육 구조 개혁 의지는 없이 학과 및 학생 정원 늘리기 등 몸집 불리기에만 치중했던 대학들에 '구조 조정'을 요구하는 사회의 목소리가 커지고 있다. 게다가 해마다 부실 대학 명단이 공개되고, 문제점에 대한 대책을 내놓지 못할 경우 퇴출로 이어지고 있다. 지금까지 실제 퇴출된 대학은 2000년 광주예술대학교, 2008년 아시아대학교, 2012년 2월 말 공식 폐교한 명신대학교, 성화대학교와 최근 자진 폐교를 결정한 건동대학교 등이다. 그리고 올해 벽성대학교 퇴출이 추가 결정되었다. 그동안 학위 장사에만 몰두했던 경쟁력 없는 대학들은 더는 설 자리가 없다.

　2013년 2월 까지 폐교 절차를 마무리해야 하는 벽성대학교의 경우 퇴출 확정과 함께 주말반 편법 수업 등으로 재학생 300명, 졸업생 1100명 등 1400여 명의 땀과 노력이 배어있는 자격증까지 취소되었다. 대학은 별다른 대책 없이 "지방 대학이라 학생 모집이 어려워 편법 운영을 할 수밖에 없었다"고 변명을 늘어놓는 사이, 애꿎은 학생들만 고스란히 피해를 입고 있다. 대학의 안중에 학생은 없었다.

　앞으로 퇴출 되거나 통폐합 되는 학교의 수는 더욱 늘어날 것이다. 대학이 많아도 너무 많다. 차마 대학이라고 부르기 민망할 정도로 자격을 갖추지 못한 대학도 많다. 교육에 대한 사명감 보다는 대학을 하나의 기업으로 보고, 이윤 창출에만 몰두했던 대학들은 하루 빨리 퇴출되어야 마땅하다.

    대학의 퇴출은 여러 가지 사회 문제를 동반한다. 벽성대학교의 경우처럼 열심히 공부했던 학생들이 피해를 입는 것은 물론, 대학 교수나 교직원의 실업 문제를 야기하기도 한다. 그렇다고 '구조 조정'을 멈출 이유는 될 수 없다. 앞으로 이런 문제를 야기하지 않기 위해서라도 경쟁력 없는 대학들은 하루 빨리 교문을 닫아야 한다. 시대는 더는 학위 장사에 눈이 멀어 순진한 학생과 부모를 속이는 대학을 두고 보지 않는다. 끝도 모르고 늘었던 대학의 숫자는 점점 줄어들고, 자연히 일자리를 잃은 교수들의 구직 전쟁도 더욱 치열해 질 것이다.

    시골에 가면 폐교된 초등학교를 자주 볼 수 있다. 아이들이 없는데 학교가 유지될 리 없다. 중학교, 고등학교도 마찬가지다. 이렇게 폐교된 학교는 예술가들이 작업실로 쓰거나, 연수 시설이나 가내수공업, 농촌의 창고 등으로 다양하게 활용된다. 이도 저도 아니면 그냥 버려진 채 무성한 잡초더미 속에서 급속히 소실되어가기도 한다. 원인은 조금 다르지만 대학도 예외는 아니다. '대학의 구조 조정'이라는 사회의 강력한 요구 속에서 경쟁력 없는 대학의 퇴출이 줄을

잇고 있다. 학력 인플레이션 덕분에 너무 많이 만들어진 대학들이 대거 정리되는 시점을 맞았다.

당장 1/3 이상의 대학이 폐교되어도 놀라지 마라

전국의 대학 입학 정원이 고등학교 졸업생 숫자를 넘어선 지 꽤 되었다. 이 와중에도 90년대 중반 이후 새로 생긴 대학만 100여 개 정도 된다. 대학은 넘쳐나는데 학생의 수는 줄어드니 우후죽순으로 들어선 대학 중 경쟁력을 잃은 대학은 하나 둘 무너지거나, 통폐합 과정을 겪으면서 수년 내에 1/3 이상의 대학이 사라질 위기에 처해 있다. 이것은 피할 수도, 피해서도 안 되는 일이다. 우리나라의 대학 수가 중국의 대학 수와 비슷한 정도라고 하니 해도 참 너무한다. 덕분에 세계 최고의 대학 진학률을 자랑하지만 허울뿐인 고학력이고, 이렇게 조장된 학력 인플레이션은 국민의 교육비 부담만 가중시키고 있을 뿐 교육적인 효과는 신통치 않다. 경제적으로나, 교육적으로나, 사회적으로나 대학의 폐교는 자연스러운 일이다. 이해관계 당사자들의 반발이 거세겠지만 어쩌겠나. 학생이 없으니, 등록금으로 유지되던 대학들은 문을 닫을 수밖에.

시설을 어떻게 활용할 것인지에 대한 여러 아이디어도 나오고, 누군가는 이와 관련한 비즈니스로 앞서 나갈 기회를 잡을 것이다. 반면 폐교된 대학의 교수들은 가혹한 구직 전선으로 대거 뛰어들 수밖에 없고, 가난한 박사이자 전직 교수의 수는 크게 늘어나게 된다. 하우스푸어보다 더 억울한 닥터푸어다. 이들 박사급 교수 인력과 연구 인력의 고용 문제도 심각해지고, 이들을 활용한 다양한 사회 정보 서비스도 등장하게 된다. 지식 정보 분야의 시장도 더욱 치열해지고 양적 성장과 함께 다양한 혼란도 가중될 것이다. 이런 과정을 통해 고학력 인플레이션이 해소되고, 학력 지상주의도 뿌리째 흔들릴 것임은 두말할 나위 없다.

대학이 살아남고자 한다면 기존 방식으로는 한계를 극복하기 어렵다. MIT나 하버드를 비롯한 세계적인 대학의 수업을 온라인으로 무료로 볼 수 있고, 무료 학위 취득도 가능해지는 시대에 굳이 비싼 등록금을 내가며 발전도 실효도 없는 수업을 애써 들을 필요는 없지 않은가. 더는 지역별로 대학이 존재해야 할 이유도, 굳이 대학이라는 물리적 공간에서 집단 수업을 들을 필요도 없다. 경쟁력을 갖추는 대학은 그 존재를 더욱 강고히 하겠지만, 시대의 흐름을 따라가지 못하는 대학은 정리될 가능성이 높다. 특히 국내의 300여 개 대학 중 단기적으로는 1/3 정도가, 장기적으로는 2/3 정도가 퇴출될 것이다. 당연히 교수들의 밥그릇도 날아간다. 살아남은 교수의 사회적 지위는 어느 정도 유지되겠지만 교수라는 직업 자체가 가진 가치는 떨어질 수밖에 없다. 그들 세계에서도 치열한 경쟁이 불가피하다.

미래의 학교, 선생의 역할은 무엇일까?

그렇다면 미래의 학교는 어떨까? 과연 현재처럼 교사가 정보나 지식을 학생들에게 하향식으로 전수하는 곳으로 머물까. 국·영·수 위주의 수업은 과연 유효할지, 여전히 대학입시가 학교의 최대 과제일지 의문을 품을 필요가 있다.

우선 '선생'이라는 표현부터 사라질 수 있다. 선생은 먼저 태어난 사람으로, 지식과 정보를 앞서 접한 사람이 그렇지 못한 사람들에게 자신이 배운 것을 전수한다는 의미다. 그런데 더는 선생님이 먼저 배운 것을 전수하는 것이 의미 없어진다면 어떻게 될까? 오히려 첨단 컴퓨터나 로봇이 가지고 있는 정보가 사람보다 훨씬 더 방대하고 정확할 것이다. 그러니 기존의 선생님 역할은 교육 보조자 혹은 학습 가이드로 바뀐다. 이제 교육은 선생님 중심으로 이루어지지 않는다. 로봇과 첨단 컴퓨터가 각종 기술 운영과 교육 커리큘럼을 진행하고, 선생님의 중심 역할은 학생들에게 동기 부여하고 질문을 던지거나 인성적으로 이끌고 관리하는 것이 될 것이다. 미래의 학교는 '배우는 장소' 보다는 '어울리는 장소' 혹은 '새로운 문제를 공유하는 장소'가 된다. 기계적인 암기와 단순한 이해 위주였던 교육에서 진화해 새로운 문제 제기와 함께 창조적으로 해석하고 그림을 그려내는 식의 교육이 될 소지가 크다.

국가별로 미래의 교육에 대한 여러 청사진이 제시되고 있는데, 그 중 흥미로운 사례가 말레이시아 교육 개혁안이다. 우리와 비슷한 교육 환경을 가지고 있는 말레이시아의 교육 개혁안을 보면 국·영·수를 비롯해 과학·윤리 등 기존의 과목을 대거 교체한다. 당연히 대학 입시에도 큰 변화가 생기고, 이에 따라 대학에서도 학과를 조절하는 안을 준비하고 있다. 새롭게 주목받는 과목은 문제 해결 능력, 분석적 사고, 창의적 사고, 의사 소통 기술 등이다. 이들 과목의 공통점은 컴퓨터나 로봇이 대체할 수 없는 내용을 담고 있다는 점이다.

  미래지향적인 교육 혁신은 모든 국가의 목표다. 시기나 방법은 조금 다를 수 있지만 암기력이나 단순 이해력 수준에서 창의력이나 분석력, 문제 해결력 위주의 교육으로 바꾸고자 하는 의지는 공통적이다. 말레이시아 교육 개혁에서 또 하나의 큰 특징은 대학의 학과도 융합과 결합, 통섭 등 서로 다양한 전공과의 어울림을 지향하고 있다는 점이다. 이미 대부분의 유망 산업 영역이자 비즈니스가 특정 전공 하나로 이루어진 것은 거의 없다. 다양한 이종 결합이자 융합의 산물이 많은데 미래에는 더욱 심화할 것이다. 그러니 교육에도 이를 적극 반영한다는 것이다. 입시 중심의 교육에 당장 변화를 가져와야 하고, 그 과정에서 교사의 역할은 재조명할 수밖에 없다. 교사가 인기 직종으로 사랑받는 것은 안정성 때문인데 미래에는 결코 어떤 분야에서도 안정적인 보장이란 없다.

당신이 알고 있는 **유망 직업**은 언제까지 **유망**할까?

    유망 직업 이야기를 하기 전에 다른 질문을 하나 던지겠다. 과연 10~20년 후 가장 핫한 사회 이슈는 무엇일까? 세계 평화나 세계 정부, 아니면 첨단 로봇이나 우주 여행이 될까? 아니면 에너지 위기나 식량 부족, 경제 위기 등이 될까? 물론 이런 것도 사회 이슈로 유효하겠지만, 그보다 더 중요한 이슈는 아마도 '일자리'가 될 것이다. 교육의 목적이 미래의 행복한 삶을 준비시켜주는 것이라면 당연히 교육은 '일자리'와 관련이 깊다. 행복한 일자리를 찾으려면 지는 산업, 지는 직종을 알아야 하고 적어도 10년에서 20년 뒤의 미래를 내다보는 통찰력이 있어야 한다.

시대에 따라 유망 직업과 인기 전공이 변화한다

    유망 직업의 변화는 인기 학과의 변화를 동반했다. 1990년대에는 전자공학, 컴퓨터공학이 최고의 인기 학과였던 것이 점차 이공계 기피 현상이 확산하면서 이공계의 우수 인재들이 의예과로 가거나, 고시 준비에 대거 몰렸다. 그러나 현재는 다시 소프트웨어 중요성의 대두로 이와 관련한 학과의 인기가 오르고 있다. 미국에서 가장 인기 있고 유망한 직업은 소프트웨어 엔지니어다. 애플리케이션이나 각종 IT 벤처 창업에서 가장 중요한 것이 소프트웨어인데다 이들의 역할과 대우, 만족도가 높기 때문이다.

10년 전만 해도 주요 대학의 인문대학 최고 인기학과는 영어영문학과였는데, 이후에는 중국의 경제 성장에 힘입어 중어중문학과의 인기가 크게 올라갔다. 이런 추세는 앞으로 한동안 계속될 것으로 보인다. 아무리 중국의 경제가 다소 주춤하는 상태라 해도 여전히 성장률 두자릿수를 지속하는데다, 중국이 세계의 공장에서 세계의 소비 시장으로 크게 성장하며 전 세계 모든 기업이 가장 중요하게 여기는 나라가 되었다. 아울러 중국이 세계 경제에 영향력을 확대하면서 중국어에 대한 활용도는 더욱 높아졌다. 인도, 아프리카와 관련한 전공도 앞으로 주목해야 한다.

사회과학대에서는 신문방송학과가 단연 인기였지만, 이제는 안정적인 직업의 대명사 공무원의 인기와 더불어 행정학과의 인기가 높다. 유망 산업에 따라 유망 직업의 흐름이 바뀌고, 유망 학과의 선호도도 바뀌는 것이다. 결국 시대의 흐름, 경제의 흐름을 얼마나 잘 읽느냐는 모두에게 중요하지만, 자녀의 미래를 준비하는 부모에게는 더욱 중요하다.

멀리 보지 못하면 후회한다

실제로 1991년도 대학학력고사에서 전국 최고 점수를 받은 학생은 서울대 전자공학과를 갔다. 그때만 해도 전자공학은 최고 인기 학과였다. 그런데 상황이 달라졌다. 전자공학과를 나와도 돈을 잘 버는 직업에 취업할 수 있는 것도 아니고, 국내에서는 소프트웨어 산업에 대한 대접도 좋지 않았기 때문이다. 이후 최고 점수를 받은 문과 학생은 경영학과나 법학과를, 이과 학생은 의예과를 지원했다. 지금까지도 문과·이과를 넘어 재수해서라도 의대에 가는 것은 공부 잘하는 학생들의 보편적인 선택이다. SKY라 불리는 명문대 졸업생은 물론 대학생들에게는 고시에 합격해 고위 공무원이나 법조인이 되거나, 의대(한의대, 치대 등 포함)에 가서 의사가 되거나, 언론사에 기자나 PD로 취업하거나, 공무원이 되거나 공기업에 들어가거나, 삼성이나 LG 등 대기업이나 글로벌기업, 외국계 기업 등으로 가는 것이 가장 이상적인 사회 진출이다.

그러나 안타깝게도 전자공학이나 소프트웨어 분야를 외면하고 각종 고시와 대기업 취직에 매달리는 동안 우리나라는 IT 산업의 경쟁력을 잃어버렸다. 이것은 세계적인 추세에 역행하는 것으로 거대한 성공은 전자공학에서 시작되는 시대를 살고 있다는 자각이 필요하다. 이미 스티브 잡스나 빌 게이츠, 마크 주커버그 등 IT 영웅들의 큰 성공을 목격하지 않았는가. 이런 모습은 앞으로 더욱 자주 목격하게 될 것이다. 모든 산업을 주도할 만큼 강력한 영향력을 가지기도 하고, 산업과 사회의 패러다임마저 바꾸어 놓는다. 세계를 스마트폰 열풍으로 이끈 아이폰이 세상에 등장한 것은 2007년이다. 그전까지만 해도 우리는 스마트폰이나 애플리케이션이 가져다줄 일상의 변화에 대해 상상도 하지 못했다. 하지만 이제는 스마트폰 없는 세상을 상상하기 어렵다. 구글이나 페이스북이 우리와 밀접해진 것도 알고 보면 그리 오래되지 않았다. 카카오톡도 마찬가지다. 지금은 없는 집이 없는 PC가 국내에서 대중화된 것도 불과 10여 년 전 일이다. 아마도 아이들이 살아갈 미래는 지금 우리가 사는 세상보다 더 빠른 변화를, 더 놀라운 발전을 이룬 세상일 것이다. 그러니 미래를 너무 쉽게 단정하지 말아야 한다.

요즘 대기업 직원들의 퇴사 시기는 삼십 대 중후반에서 사십 대 초반이 보편적이다. 하지만 만약 10여 년 전 전자공학이나 소프트웨어 반도체를 전공했다면 상황은 달라진다. 삼성전자와 LG전자 등 기업의 고급 소프트웨어 인력 수요는 큰데 반해, 그에 따르는 공급은 수월하지 않아 소프트웨어 인력의 몸값은 상한가를 기록하고 있다. 이들은 글로벌 IT 기업에서도 대환영을 받고 있으며 국내외를 막론하고 벤처 창업을 가장 많이 하는 이들도, 창업에서 큰 성공을 이루는 이들도 이 분야 사람들이 유독 많다. 결국 대학에서 어떤 전공을 선택하느냐가 현재 그 사람이 가진 미래 가치를 더 돋보이게 해 줄 것인지, 아니면 그 반대인지를 결정한다.

일자리가 늘어난다고 유망 직업인 것은 아니다?

고용노동부는 2012년 4월 발표한 '2011~2020 중장기 인력수급 전망'에서 2020년 경제 활동 인구의 고용률을 59.9%로 예상했다. 정부의 고용 관련 통계 수치가 다소 후하다는 점을 고려하더라도 직업을 가질 수 있는 사람은 5명 중 3명에 불과하고, 통계 수치를 냉정하게 바라본다면 2명 중 1명 정도만 취업할 수 있다는 이야기다.

대졸자의 평균 초과 공급률이 10.8%로 예상되는 가운데 자연 계열, 교육 계열, 인문 계열은 평균을 넘어설 것으로, 의약 계열(7.2%), 공학 계열(9.1%), 사회 계열(10.5%)만이 평균치보다 낮을 것으로 전망했다. 앞으로 10년간 연평균 취업자 증가율이 높을 일자리로는 상담 전문가와 청소년 지도사(5.0%), 직업 상담사 및 취업 알선원(4.9%), 의사·물리 및 작업 치료사·간호 조무사(4.9%), 사회복지사(4.8%), 임상 병리사(4.7%), 영양사(4.6%), 피부 미용 및 체형 관리사(4.5%), 간호사(4.0%) 등이 꼽혔다. 물론 이것은 일자리 증가율을 기준으로 한 것이지, 그 일자리의 경제적·사회적 지위가 유망한 것과는 별개일 수 있다. 수요가 많은 일자리는 그만큼 희소성이 떨어지고 전문성이 가지는 가치 또한 떨어질 수 있다.

참고로 한국과학기술기획평가원이 펴낸 '미래 성장을 견인할 수 있는 14대 국가 존망 기술의 발굴에 대한 보고서'는 앞으로 20~30년 뒤 유망한 직종으로 지식, 녹색 성장, 생명과 건강 분야를 순서대로 꼽았다. 이 밖에도 인문 계열로는 통신, 금융, 보험, 오락 문화 서비스업이 부상하면서 광고, 연구 개발, 컨설팅, 디자인, 마케팅, 법무, 회계 등 사업을 지원하는 서비스업도 유망한 일자리가 될 것이라고 했다. 따라서 경영대학의 경쟁률과 합격선 상승은 지속할 것이다. 반면 로스쿨 시행으로 법무 관련 종사자 수가 많이 늘어나 경쟁이 치열해지면서 변호사와 법무사 등 법률 관련 직종은 앞으로 임금이 크게 떨어질 것으로 보인다.

직업에도 유효기간이 있다!

고용노동부 산하 한국고용정보원에서 발간한 『2012 한국직업사전』은 1만 1655개의 직업 수 현황을 제시하고 있다. 2004년~2011년 사이 산업별 직업 조사를 근거로 이전에 세 차례 발간된 『한국직업사전(1986, 1995, 2003)』의 연장 선상에서 발간한 것이다. 한국에 존재하는 직업을 이만큼 자세하고 구체적으로 분석한 자료도 드물다. 직업의 종류가 참 많다는 생각이 들면서, 막상 사전을 들여다보면 직업 자체의 명문적 기준만 있을 뿐 독립적으로는 존재하지 않거나 누적된 가치 때문에 얻어지는 것으로 다른 직업의 상위 관리 개념인 것도 많다. 그런데 과연 이렇게 많은 직업 중 엄마들이 알고 있는 것은 몇 가지나 될까? 아마 100개는커녕 수십 개에도 못 미치지 않을까. 그것도 대개 아주 오래된 직업들이 대부분일 것이다.

어제의 유망 직업이 내일의 사양 직업이 될 수 있다

과거에는 유망 직업에서 사양 직업이 되는 데 적지 않은 시간이 걸렸다. 수십 년이 걸리기도 했고, 못해도 10년 정도의 시간이 소요되었다. 적어도 어느 정도 안정적으로 직업 활동을 할 기회는 있었다는 의미다. 그런데 요즘은 나타났다 어느 순간 사라지는 직업도 많다. 그 직업의 가능성을 보고 준비하다 보면 사라지기도 할 정도다.

유망 직업에는 분명 유효 기간이 있다. 산업 흐름이 변하고 기술 진화가 이루어짐에 따라 그 기준도 달라지기 때문이다. 그나마 전문성 있는 직업일수록 좀 더 안정적인 기회를 잡을 확률이 높다. 전문성을 갖추려 애쓰고, 학위를 따고, 다양한 경험을 쌓으려는 것도 다 이런 이유다. 물론 이 전문성이라는 것도 유효 기간이 있다. 한때 운전면허가 전문 자격증으로 통하던 시절도 있었다. 그 시대에는 자동차 운전을 아무나 할 수 없는 특별한 고급 기술로 여겼고, 운전기사를 필요로 하는 곳도 많았다. 하지만 이제 더는 운전면허증을 전문 자격증이라고 말하는 사람은 없다. 운전으로만 먹고 살기는 힘든 시대다. 심지어 조금만 더 미래로 간다면 운전자가 필요 없는 자동 운행 차량도 나오게 된다. 한때 6만 3000여 명에 이르며 지금의 비행기 승무원에 비견될 정도의 유망 직업이었던 버스 안내양이 한순간 사라졌던 것처럼 운전기사도 그렇게 사라질 날이 오고 있다. 타이피스트도 그렇다. 1990년대까지도 타이핑하거나 컴퓨터로 문서 작업하는 직업이 엄연히 존재했지만, 이제는 꼬마들도 컴퓨터로 능숙하게 문서를 만드는 시대다.

기술의 진화, 사회의 변화가 직업의 유효 기간를 결정한다

미국 해군은 5000t급 군함에 투입하는 군인의 수가 50여 년 전만 해도 1000명이 넘었지만 이제는 200여 명의 군인으로 충분하다고 한다. 훈련한 고학력의 병사들이 자동화된 컴퓨터 시스템으로 배를 운영하게 되었기 때문이다. 50여 년 전 같은 배를 탔던 병사들의 학력이 대부분 중졸에서 전문대졸 수준이었다면 이제는 고학력의 소수 운용 인력만 필요하게 되었다.

은행도 마찬가지다. 수십 년 전 은행 업무는 창구에서 현금으로 거래했기 때문에 창구 직원이 많았다. 하지만 이제는 ATM 단말기로 웬만한 거래가 가능하고, 온라인으로 거래하는 이들이 대부분이다. 자연히 창구 직원은 줄고, 지는 직종이 되어 가고 있다. 앞으로 지폐나 동전도 줄거나 사라질 수 있다. 신용 카드와 디지털 머니 등으로 거래하면 실제로 지폐를 관리하거나 발행할 일도 없어지니 은행이나 조폐 공사 등 기존의 현금 관련 직종에는 영향을 미칠 수밖에 없다.

부동산 호황기 때는 꽤 유망한 직업이었던 부동산 중개사도 그렇다. 돈을 꽤 벌 정도로 유망 직업으로 손꼽히면서 자격증을 따려는 이들도 넘쳐났다. 하지만 부동산 중개사는 더는 매력적인 직업이 아니다. 부동산 거품이 꺼지기 시작했고, 투자의 대상에서 벗어나면서 공급 초과 상황이 되었다.

직업 정치인도 사라질 가능성이 높다. 부와 명예의 상징인 정치인이 누리던 권위는 과거보다 많이 퇴색했다. 한동안 버티기는 하겠지만 다른 직업들과 마찬가지로 정치인도 큰 흐름을 거스를 수는 없다. 전자 민주주의가 상시적인 투표를 가능하게 해서 더는 민의를 대변하는 정치인은 필요 없게 될 것이다.

아이가 자라 직업을 가질 나이가 된다는 것은, 적어도 10년 혹은 그 이상 미래의 일이다. 그렇다면 우리 아이를 행복하게 해 줄 유망 직종을 판단할 때에도 현재 기준이 아니라 10년 이후의 미래 기준이 되어야 한다. 단순히 반짝할 직업을 찾는 것이 아니라 장기간 안정적으로 종사할 수 있는 유망 직종을 찾아야 하니 말이다. 이것이 부모의 의무이자 우리 아이들이 행복한 삶을 살아가는 길이다.

유망 산업에서 유망 직업이 나온다

우리 아이를 위해 관심을 가질 만한 유망 산업은 어떤 것이 있을까? 지금 대학을 준비하는 학생들은 전공을 선택할 때 적어도 10~20년 후의 유망 직업을 고려해야 한다. 적어도 뜨는 직업을 선택하지는 못해도, 지는 직업을 선택하는 것은 곤란하다. 과연 어떤 것이 뜨는 직업이고, 지는 직업일까? 미래로 가는 타임머신을 타지 않는 이상 단언할 수는 없겠지만, 어느 정도 예측은 가능하다.

먼저 주목할 것은 콘텐츠 산업이다. IT 소프트웨어만큼이나 중요한 것이 콘텐츠다. 콘텐츠는 글, 영화, 게임 등 폭넓은 분야에 해당한다. IT가 사람들의 미디어 소비를 확장시킨 만큼, 그에 따르는 콘텐츠 소비도 점점 늘어날 수밖에 없다. 콘텐츠의 가능성을 이야기할 때 자주 예로 드는 것이 조앤 롤링이 쓴 『해리포터』 시리즈다. 이 시리즈가 1997년부터 2006년까지 소설, 영화, 캐릭터 등으로 올린 매출은 우리 돈으로 308조 원으로, 같은 기간 우리나라의 반도체 수출 총액이 231조 원에 불과했던 것을 고려하면 어마어마한 수익이 아닐 수 없다. 2006년 이후에도 『해리포터』 시리즈의 흥행은 쭉 이어졌으니 매출은 그보다 수백 조는 더 늘었을 것이다. 반도체나 자동차 등 수출 유망 종목보다 더 매력적인 산업인 것이다. 물론 이런 콘텐츠가 쉽게 나오는 것은 아니다. 하지만 IT 산업에서 스타가 나오는 것만큼 콘텐츠 산업에서도 많은 스타가 나온다. 특히 앞으로 그 비중은 더 커질 것이다. IT가 일상에서 우리가 누릴 다양한 콘텐츠의 수요를 계속해서 확대할 것이기 때문이다.

쓰레기에서 기회가 나온다고?

미래에 새롭게 떠오를 유망 산업 중 다른 하나는 아이러니하게도 쓰레기에서 비롯된다. 폐기물의 재활용은 그 자체로도 이미 충분히 매력적인 시장이다. 유엔환경계획이 발표한 보고서를 보면 세계 폐기물 재활용 시장은 일부 개발 도상국을 제외해도 연간 4천100억 달러, 우리 돈으로 약 450조 원 정도에 이른다. 시장 규모도 크지만 무엇보다 쏟아져 나오는 폐기물이 지구 환경을 파괴하지 않도록 순환 경제를 구축한다는 점에서 의미가 크다. 산업 발달에 따른 경제 성장과 자연 생태 보호라는 두 마리 토끼를 모두 잡을 수 있는 분야다. 유엔환경계획에 따르면 농업 폐기물 1400억t을 재활용하면 석유 500억t을 생산할 수 있다고 하니, 폐기물이 순식간에 유용한 자원이 되고 지구를 살리는 길이 되었다.

특히 주목할 폐기물은 폐가전제품이다. 2012년 아날로그 방송이 종료되고 디지털 방송으로 모두 전환하면, 막대한 TV가 폐기된다. 확산하는 스마트폰을 비롯해 새롭게 나오는 디지털 기기도 교체 주기가 빨라서 폐기하는 기기도 점점 늘어날 수밖에 없다.

흥미롭게도 폐가전제품은 자원의 보고다. 1t의 폐휴대폰을 분해하고 정련하면 금 400g이 나오는데, 일반 광산에서는 금광석 1t에서 금 3g을 추출하는 것과 비교하면 훨씬 경제적이다. 폐가전제품이 도시 광산이 되는 셈이다. 우리나라에서 나오는 폐가전제품은 휴대폰을 포함해 냉장고, 세탁기, 에어컨, PC, 오디오 등 연간 2500만 대 정도인데 모두 재활용한다면 금 3500kg, 은 20t을 비롯해 다양한 자원을 얻을 수 있다. 하지만 안타깝게도 대부분의 폐가전제품이 그냥 폐기 처리 되는 경우가 많다. 2010년 우리나라에서 버려진 휴대폰이 1500만 대 정도였는데, 그 중 재활용되지 않고 폐기된 것이 1100만 대라고 한다. 매년 발생하는 폐금속 자원만 4조 원 정도로 추정하는데, 재활용하지 않고 그냥 버리는 경우가 상당하다니 이는 어마어마한 경제 손실이면서 환경에도 좋지 않다. 폐기물 재활용은 고용과 이윤을 창출하는 경제 기회이자 환경을 지키기 위한 선택이다. 현재 폐기물 재활용과 관련해 중국, 브라질, 미국에서만 약 1200만 명의 인력이 종사하고 있는데 앞으로 투자를 확대하면 인력 고용 효과도 늘어날 것이다. 유엔개발계획에 따르면 2011년부터 2050년까지 1430억 달러를 투자하면 최대 2600만 명의 신규 일자리를 창출할 수 있을 것으로 보고 있다. 고용 창출과 산업의 성장, 거기에 환경적인 측면까지 일거양득이다.

기업은 폐기물 재활용 제품을 적극 환영하게 되었고, 소비 경향의 변화 때문만이 아니라 폐기물 재활용 산업 자체의 성장성 때문이라도 이 분야에 관심을 가질 필요가 생겼다. 폐기물 재활용은 골칫거리인 폐기물도 처리하며 환경도 지키고, 덤으로 경제적 가치를 창출할 수 있는 미래의 유망 분야이자 필수 분야다.

미래 유망 기술을 주목해 보라

2030년이면 보다 진화된 3D 프린터가 상용화되어 물건을 직접 프린트해서 쓰거나, 음식도 프린터로 만들어 먹는 시대가 될 것으로 전망하고 있다. 지금도 3D 프린터가 있기는 하지만 비싸기도 한데다 아직 형태만 입체적으로 흉내내는 수준에 불과하기 때문에 제품 디자인이나 샘플 제작 정도만 유용하게 활용하고 있다. 앞으로 진화할 3D 프린터는 형태는 물론이고 분자 구조와 속성까지 그대로 모사할 수 있게 된다. 가구를 직접 프린트해서 쓰거나 이불도 프린트해서 덮을 수 있다. 관련 제조사는 개인이 직접 3D 프린터를 통해 제품을 제조하는 시대를 상상하기도 싫겠지만 기술 진화가 불러올 미래는 거부한다고 피할 수 있는 것이 아니다. 3D 프린터 관련 제조 분야는 큰 기회를 잡겠지만, 수많은 일상 소모품이나 도구를 제조하는 곳은 위기를 맞게 된다.

이 밖에 단백질이나 탄수화물을 비롯한 각종 식품의 구성 물질을 탑재한 프린터가 어떤 음식이든 즉석에서 맛과 모양과 영양까지 묘사할 수도 있는데, 식품 제조 기업이나 요리사, 식당 모두 타격을 입는 상황이 예상된다. 참고로 MIT에서는 이미 식품 프린터를 만들었다고 한다. 아직 초보적인 수준이지만 식품 재료를 입체로 구현해 설정한 식품을 만들어 낼 수 있음을 증명해가고 있다.

인터넷 대중화가 사람들의 정보 생산과 소비의 새로운 전기를 만들고, 스마트폰은 사람들이 가진 관계망을 더욱 확장하고 정보망도 왕성하게 만드는 계기를 만들었다. 이렇게 보면 3D 프린터는 일상의 각종 제품을 직접 만들어 쓰는 자가 생산 소비 시대의 새로운 전기를 만들 것이 틀림없다. 이런 흐름은 산업의 새로운 기회이면서, 동시에 다른 직업들은 심각한 위기에 직면하게 한다. 기술의 흐름을 잘 살펴야 하는 이유가 바로 여기 있다. 멀쩡하던 직업을 한순간 쓸모없는 것으로 만들어 버릴 수 있기 때문이다.

어떤 미래가 온다 해도 사람이 먹지 않고는 살 수 없다. 식량 주권 확보 없이는 국가 경제의 안정도 있을 수 없다. 식량 생산이 늘 중요한 화두인 이유다. 그런데 식량 생산에 사용할 땅은 점점 줄어드는 반면, 인구는 늘고 있다. 땅이나 물 없이도 식량을 생산할 수 있는 기술이 요구되고 있다. 당연히 공장에서 생산하는 배양육이나 배양 채소를 고려할 수밖에 없다. 네덜란드나 노르웨이 등에서는 정부가 배양육 생산에 앞장서고 있다. 줄기세포를 배양해서 동물이 아닌 고기를 공장에서 대량 생산할 미래를 준비하고 있다. 살아있는 동물을 죽여 고기를 만드는 것이 아니라 애초에 고기의 형태로 배양하는 것인데, 세계적인 동물 애호 단체인 '동물을 인도적으로 사랑하는 모임'에서는 맛있는 상업용 배양육을 대량 생산할 수 있는 기술을 가진 팀에게 100만 불의 상금을 내걸기도 했다.

이런 직업은 어떨까?

1996년부터 매년 국내에서 출간되는 『유엔미래보고서』라는 책이 있다. 글로벌 미래 연구 기관 '밀레니엄 프로젝트'의 미래 예측 결과를 담고 있는데, 그 중 『유엔미래보고서 2025』는 2025년의 인기 직종 54가지 직업을 전망하고 있다. 여기서 언급된 직업 중 가장 유망해 보이는 몇 가지를 제시하고 그에 대한 평가를 덧붙이겠다.

먼저 2025년 미래의 기업에는 '최고 경험 관리자'라는 역할이 포함될 거라 예상했다. 최고 경험 관리자는 고객이 제품을 직접 사용할 때의 경험에 책임과 의무를 다하는 새로운 종류의 고위 경영진을 말한다. 최근까지 기업이 제품의 기능과 디자인에 집중했다면 미래에는 제품을 구매·사용·폐기하는 전 과정에서 고객에게 좋은 경험을 제공하기 위한 전략을 구상하고 제품을 개발에 집중한다. 다시 말해 외형과 기능적인 면에 집중했던 디자인의 개념을 확장해 기업은 고객의 처지에서 모든 서비스와 제품을 확인하고 고객의 총체적 경험의 질을 높이는 데 중점을 둔다. 제품 자체보다는 소비자의 문제 해결에 초점을 맞추는 것이다. 사실 이런 부분은 지금도 기업들이 관심을 가지고 있는 역할로 시장 조사보다 소비자 분석에 보다 공을 들이며 최고 경험 관리자의 역할은 더 확장할 소지가 크다.

이 보고서는 세상이 갈수록 복잡해지고 제품이나 조직의 형태도 복잡해짐에 따라 군더더기와 복잡함을 없애도록 돕는 '단순화 컨설턴트'의 출현도 예상했다. '인도 전문가'도 주목받을 직업으로 전망했는데, 인도가 세계 4대 경제권 중 하나로 떠오르고 투자가 확대됨에 따라 인도의 경제·사회에 통달해 시장을 개척할 수 있는 인도 전문가의 수요가 전 세계적으로 높아질 것으로 본 것이다. 2025년이면 인도 인구가 15억 명을 넘어 중국을 제치고 세계에서 가장 인구가 많은 나라가 될 것으로 전망되고 있다. 게다가 인도를 비롯한 아프리카와 제3세계에 대한 시장이 확대되면서 관련 국가들의 전문가 수요도 더 늘어날 수밖에 없다. 당연히 관련한 직업의 가치는 높아지게 된다.

죽음을 앞둔 사람이 인생을 돌아보고 유언과 재산을 정리해 품위 있는 죽음을 맞을 수 있도록 돕는 '임종 설계사'도 2025년의 인기 직종 54가지 직업 중 하나로 꼽혔다. 단순히 장례를 치러 주는 장의사 역할에서 확장해 유언이나 재산을 정리하는 것은 물론 살아오며 남겼던 여러 흔적이나 사적 기록들을 정리하거나 삭제하는 역할을 맡게 된다. 아울러 기억 수술 전문 외과의가 꼽힌 것도 흥미롭다. 뇌 의학의 발달로 뇌에서 나쁜 기억을 없애거나, 우울증 환자에게 특정 부위의 뇌 수술을 하고, 알츠하이머병 등의 치료를 연구하는 의사다. 믿기 힘들 만큼의 의학 기술 발달을 이뤄낼 미래에서 가장 주목할 만한 의사의 역할이라 할 수 있다.

'날씨 조절 관리자'도 미래의 대표적인 유망 직업이다. 인공 비를 내리게 해서 물 부족 지역의 가뭄을 해결하거나 태풍과 허리케인의 강도를 약화시키는 등 날씨를 인공적으로 제어하는 직업이다. 미국 조지워싱턴 대학교의 과학기술 연구 프로젝트인 'Tech Cast'가 2010년 7월 발표한 「과학기술시장전망」은 2017년 기후 통제 산업의 시장 규모는 630조 원에 달하며, 2025년에는 훨씬 더 큰 시장이 되고 관련 직업들은 인기 직종이 될 것으로 전망했다. 아울러 다른 환경 혹은 에너지 관련 산업도 짧게는 10년, 길게는 15년 이내에 300~500조 원 규모의 시장을 만들 것으로 전망하고 있는데, 이 분야에서도 인기 직종들이 다수 등장할 것이다. 온실가스 배출량 제한에 따라 탄소 배출권 거래 시장이 커지는 것과 맞물려 탄소 배출 점검 기록 전문가와 탄소 배출권 거래 중개인도 유망 직종으로 제시되었다. 충분히 가능성 높은 예측이다.

물론 여기서 언급한 인기직종 54가지 중 수긍하기 어려운 것도 있고, 이미 가시화된 직업이라 오히려 2025년에는 예상보다 쇠락할

거로 보이는 것도 있다. 하지만 엄마들에게 적극 권하고 싶을 만큼 충분히 참고할 여지는 많다.

일자리를 뺏는 **로봇**이 아닌 **기회**를 주는 로봇에 **주목**하라!

로봇이 기존의 일자리를 대체하고 잠식하는 반면, 로봇 때문에 만들어지는 새로운 일자리도 있다. 로봇이 대체하지 못하는 인간만이 할 수 있는 고유 영역에서 그 능력을 갖춘 사람의 가치는 더욱 높아질 것이다. 아이들이 관심을 두거나 준비해야 할 미래의 직업은 두 가지 범주로 정리할 수 있다.

첫째, '로봇이 대체하지 못하는 일을 하려면 어떤 능력과 자질을 갖춰야 할까?'

둘째, '로봇 산업이 확대되면 수혜를 입을 일자리는 어떤 것이 있을까?'

바로 이 두 가지 질문이 미래의 직업에 대한 가장 큰 궁금증이면서, 로봇과 관련한 미래 직업 구도의 변화를 찾는 핵심이다.

과학 기술자나 공학자, 비즈니스 컨설턴트를 비롯해 영역별 고도

화된 기획자의 역할은 더 중요해진다. 로봇이 대신하기 어려운 고도의 지식과 해석, 정확한 판단이 많이 요구되기 때문이다. 바둑으로 비교하자면 체스는 컴퓨터와 인간이 대결하면 대부분 컴퓨터가 이긴다. 체스는 경우의 수가 아무리 많아도 그 규칙 아래서 컴퓨터를 이기기는 어렵다. 하지만 컴퓨터와 인간이 바둑 대결을 하면 컴퓨터가 사람을 반드시 이기지 못한다. 바둑에는 기세도 있고 논리적으로 설명하기 어려운 묘수도 있다. 컴퓨터는 이런 것을 이해하지 못한다.

아울러 기계가 대신할 수 없는 인간의 감정과 교류, 공감을 제공하는 서비스 분야도 중요해진다. 디지털이 일상을 지배하면 오히려 아날로그를 찾는 이들이 생겨나고 아날로그 감성이나 과거의 흔적이 더 가치 있게 소비되는 것처럼, 로봇 시대에도 인간의 감성과 흔적에 대한 소비는 꾸준히 이루어질 것이다.

어떤 분야의 정보나 업무 프로세스를 분류하고 규정하는 것은 정보를 계량화·구조화하기 위해서다. 그래야만 효과적으로 전달하고 체계화할 수 있다. 그런데 이런 과정에서 기준을 만들고 정의를 내리는 것은 사람만이 할 수 있는 창조와 판단의 영역이다. 한번 기준이 정해지면 그걸 분류하고 체계화하는 것은 얼마든지 컴퓨터의 힘을 빌릴 수 있다. 더 빨리 효율적으로 업무를 처리하는 능력은 사람이 컴퓨터를 이기지 못한다. 다만 없는 기준을 새로 만들고, 정의를 규정하는 등 창조의 영역은 컴퓨터가 침범할 수 없는 사람의 영역이다. 컴퓨터가 제아무리 인공 지능이 된다 해도 정해진 기준 내에서의 알고리즘에 의해서만 처리할 수밖에 없다. 존재하지 않는 기준을 만들 수는 없다. 로봇이나 컴퓨터에 의해 대체할 수 없는 일들이 바로 미래의 진짜 유망 직업이다.

로봇 산업과 연결된 영역의 일자리도 중요해진다. 로봇을 관리하고 고치는 일 등을 말하는 것이 아니다. 이런 일도 로봇이나 기계가 충분히 할 수 있다. 그러니 로봇의 양이 늘어난다고 이들의 관리나 수리 전문가가 양적 기회를 누리기는 쉽지 않다. 다만 새로운 로봇을 만들어 내고, 로봇에 들어갈 소프트웨어를 개발하는 등 로봇 기술 관련한 인공 지능과 전자 공학, 컴퓨터 공학, 제어 공학, 재료 공학, 소프트웨어 등의 과학 기술자와 개발자, 로봇 디자이너와 엔지니어, 로봇 비즈니스를 하는 경영자나 마케터 등에게는 더 많은 기회가 있을 것이다.

물론 이것은 로봇 관련 기업들이 경제적, 정치적, 사회적 주도권을 더 가진다는 의미다. 정치가 위축하는 대신 기업이 국가(혹은 지역 공동체)의 통치(혹은 관리) 주체가 될 가능성이 높다. 기존의 미래 예측이나 SF 영화에서 자주 다루었던 상황이기도 하니 이런 이야기가 독자 처지에서 아주 낯설지는 않을 것이다. 이 모든 것은 우리에게는 미래지만 아이에게는 분명 현재가 될 일이다. 다시 한 번 강조하지만 아이가 살아갈 미래는 우리가 살았던 과거나 현재와는 다르다는 사실을 인정해야만 모든 문제를 쉽게 풀 수 있다.

유망 직업도 어떤 관점에서 보느냐에 따라 다르다

유망 직업을 고려할 때 두 가지를 구분할 필요가 있다. 과연 해당 분야의 인력 수요이자 고용량이 늘어 안정적인 직업 생활이 가능한 것을 유망 직업이라 할 것인가? 그 직업이 가진 사회적, 경제적 지위가 높은 것을 유망 직업이라 할 것인가? 대개의 엄마 관점에서 생각하는 '우리 아이가 미래에 갖기를 바라는 유망 직업'이라면 당연히 후자일 것이다.

일자리가 늘어나면 산업 발전과 고용 측면에서는 좋은 직업일 수 있어도 무조건 좋은 직업이라고 말할 수는 없다. 가령 웹과 모바일 영역이 커지면서 '웹디자이너'라는 직업은 10년 전부터 최근까지 계속 유망 직업 리스트에 수시로 언급된다. 웹과 모바일에서 만들 페이지나 콘텐츠가 늘어나니 이것을 담당할 사람이 더 필요한 것은 당연하다. 하지만 웹디자이너의 작업 환경은 3D 업종에 비견할 정도로 열악하다. 그런데도 웹디자이너를 유망 직업이라 생각하고 우리 아이가 이 직업을 선택하도록 지지할 엄마가 얼마나 있을까? 아직 가능성이 큰 초등학생이나 중학생이면 더욱 그렇다. 공부도 못하고 별 재주도 없는 고등학생이나 대학생이 당장 일자리를 쉽게 확보하자는 차원이라면 웹디자이너에 관심을 두는 것도 지지 못할 바는 아니지만, 업무량과 비교하면 대우는 열악하면서도 컴퓨터나 로봇이 충분히 대체 가능한 이 직업을 유망 직업이라 말할 수 있겠나?

실제로 각종 연구 기관에서 나오는 유망 직업은 전자가 많다. 특히나 유망 직업 관련 리포트를 많이 쏟아내는 직업 교육 연구 기관이나 노동 관련 연구 기관에서는 전자를 지향하는 편이 훨씬 많다. 공적인 기관으로 정부의 재원을 토대로 연구 사업을 하는 곳에서는 더 그럴 수밖에 없다. 이들은 전체 사회 속에서 특정 직업이 가진 고용의 기회나 사회적 가치를 고려하는 연구를 하는 것이지, 개인이 누릴 사회적 지위나 경제적 가치가 우선되기는 쉽지 않다. 아쉬운 것은 엄마들이 가진 직업에 대한 시야를 넓히고, 미래의 유망 직업에 대해 이해하는 데 이만한 정보도 없다는 면이다.

유망 직업 리포트도 많이 읽으면 흐름이 보인다

실제로 한국고용정보원www.keis.or.kr이나 한국직업능력개발원www.krivet.re.kr 같은 정부 산하 기관이나 각종 취업 정보 회사에서도 유망 직업이나 미래 직업에 대한 리포트를 쏟아 내고 있다. 미국 노동통계국을 비롯해 세계 각국의 전문가들도 마찬가지다. 정보의 홍수 속에서 이런 내용을 100% 다 믿어서는 곤란하다. 특히 취업 정보 회사와 같은 곳의 리포트는 더욱 그렇다. 자격증이나 교육 사업 등 비즈니스 이해관계로부터 자유로울 수 없기 때문이다. 그래서 공신력 있는 국가 기관에서 나온 리포트를 더 꼼꼼히 살펴볼 필요가 있다.

이 책에서도 여러 직업을 언급하고 있지만 그걸 100% 다 믿어서는 안 된다. 예측은 늘 단수가 아닌 복수의 미래를 그린다. 여러 가지 경우의 수 중 단 하나가 진짜 미래가 될 뿐이고, 이 또한 그 중 하나일 뿐이다. 5년 후 또 달라질 수도 있고, 아직 예상하지 못한 새로운 흐름이 조성될 수도 있다. 어떤 직업이든 유효 기간이 있다는 것을 명심하고 사회 흐름을 보며 상시로 수정과 재설정을 해야 한다. 그만큼 산업과 사회, 사람의 욕구는 빨리 변한다.

우리는 실시간 교통 정보가 없을 때는 어떻게 운전했나 싶을 정도로 내비게이션에 대한 의존도가 높다. 이만큼 우리가 갈 길을 정확하고 빠르게 안내해 주는 것도 없다. 만약 내비게이션처럼 아이들의 미래도 실시간으로 새로운 변동 사항을 알려주는 도구가 있다면 얼마나 편할까. 막연함과 불안함에 마음 졸일 필요도 없고, 내가 지금 어디쯤 가고 있는지 확인할 수 있고, 이렇게 가면 언제쯤 어디에 도착할지도 알 수 있으니 말이다. 지금까지 아이들의 내비게이션 역할은 부모가 해 왔다. 학교 선생님이나 학원, 또는 자식을 최고 엘리트로 키우는 데 성공한 엄마들의 경험담을 들으며 내린 결론으로 아이의 방향잡이 역할을 해 왔다. 하지만 이제 옛날 방식은 버려야 한다. 지도에 표시된 지리적 상황은 고정적이지만 교통 상황은 수시로 변하는 것처럼, 아이의 미래나 진로에 변수는 수시로 발생하기 때문에 과거에 했던 누군가의 길을 그대로 따라가는 것은 한계가 있다.

내비게이션을 업그레이드하고 실시간 교통 정보 서비스까지 지원해야 가장 최선의 길 찾기를 하듯 엄마들의 상식도 업그레이드가 필요하다. 트렌드와 미래 예측에 대한 책을 읽거나 시대의 변화에 좀 더 민감해야 한다. 더는 과거에 멈춘 생각으로 아이의 미래를 안내할 수 없다. 업그레이드하지 않은 정보를 따라가다가 그 길 끝에 새로운 공사로 생긴 절벽을 보지 못하고 추락할 수도 있음을 잊어서는 안 된다.

대학에서 말하는 유망 학과는 정말 유망할까?

우리나라 고3 학부모는 고민이 많다. 아이의 점수로 어느 대학, 어느 학과를 갈 수 있을지 고민한다. 진학 문제가 미래에 많은 영향을 미치는 만큼 꽤 절박하고 답답할 것이다. 학교마다 내세우는 갖가지 장점이 넘쳐나고, 학과마다 자기 전공이 취업에 유리하다고 유혹하니 혼란스러운 것은 당연하다. 어떤 학교나, 학과도 졸업 후 4년제 졸업장이 취업에 도움이 되지 않을 수 있고, 백수로 지낼 가능성이 높다는 것을 귀띔하지 않는다.

이해관계 당사자의 말은 반만 믿어라

대학과 대학교수는 신입생 모집에서만큼은 이해관계 당사자다. 이들에게는 실질적으로 지원자가 많다거나 입학 정원을 채운다는 것은 등록금 낼 사람을 확보하는 것을 의미하며, 이는 곧 본인들의 일자리가 안정적이라는 의미기도 하다. 300여 개가 훌쩍 넘는 대학 중 적어도 1/3가량은 고학력을 지향하는 부모의 심리를 이용해 학위 장사를 하기 위해 만든 대학도 꽤 많다. 특히 1990년대 중반 이후 설립 조건이 완화되면서 우후죽순 생겨난 대학들은 과도한 사회 비용의 손실을 불러왔다.

등록금만 내면 성적과 관계없이 들어갈 수 있는 대학은 전국에 널렸다. 이런 학교일수록 생존을 위해서 더 절박하게 시류에 편승해 학과를 많이 개설하고 유망 학과라고 포장하는 경우가 많다. 그래서 대학에서 만들어지는 얄팍한 전공이나 학과를 무조건 믿는 것은 위험하다. 좋은 직업일수록 지름길은 없다. 대학은 이해관계 당사자이지 우리 아이를 위해 진심 어린 걱정을 하는 교육자가 아니다.

교수도 그냥 자기 앞가림 급급한 월급쟁이일 수 있다

등록금으로 유지하는 대학은 어떻게든 학생을 유치해야 한다. 이런 학교일수록 교수의 처지는 모래성과 같다. 직접 나서 학생을 유치하고, 학생 수가 적으면 교수를 줄이고, 폐과되어 실업자가 되기도 한다. 언제 무너질지 모르는 그들의 위치는 교수라는 교육자를 월급쟁이 영업 사원으로 만든다. 교수와 대학 관계자들이 일자리가 달린 상황에서 자신의 이해관계를 떠나 학생의 인생을 먼저 생각해 줄 가능성은 얼마나 될까?

노동연구원(2011년 2월)의 발표로는 우리나라 신규 대졸자 실업률은 38.3%다. 이것도 현재 기준이니 아마도 5년 후, 10년 후라면 더 높아질 것으로 전망된다. 정부가 발표하는 우리나라 청년 실업률 발표치는 늘 한자릿수지만 이는 현실에서 크게 벗어난 형식적 수치다. 실제로 미국이나 영국 등 선진국의 실업률도 20%에 달하며, 스페인은 전체 실업률이 20% 후반대에, 청년 실업률은 45%에 육박하기도 한다. 우리도 조사 방식을 현실화하고 허수를 줄이면 적어도 20% 수준에는 이를 것이다. 점점 많은 20대가 실업 상태에 놓이게 되고, 멀쩡히 4년제 대학을 졸업하고도 아르바이트로 생계를 근근이 유지하는 수준으로 전락하는 것도 이미 시작된 일이다. '88만 원

세대'라는 서글픈 말이 그냥 생긴 것은 아니다. 이런 상황에서 졸업 후 취직에 유리한 유망 전공이라는 사탕발림에 솔깃하는 수험생이나 부모의 심정도 이해한다. 하지만 신생 학교, 신생 학과의 얄팍한 감언이설에 속는 순간 그동안 그려왔던 미래와는 이별해야 한다는 것 정도는 각오해야 한다. 잘 살고 싶다면 자칫 대학의 밥벌이를 위한 마케팅에 절대 현혹되지 말아야 한다. 어느 때보다 신중하고 똑똑한 접근이 필요하다.

당신이 **속은** 수많은 가짜 유망 **직업과 자격증**

종종 신문이나 방송에 유망 자격증이나 유망 직종 소개가 나오는데, 가만 보면 당장 하던 일을 그만두고 그 길로만 뛰어든다면 장밋빛 미래가 보장되는 것 같은 착각에 빠질 정도다. 가령, 2012년 3월 16일 자 《디지털타임스》에는 '이 직종이 뜬다. 대체 뭐기에?'라는 기사가 실렸다. 네이버 뉴스에도 노출되었으니 취직이나 직업 고민을 하는 이들의 눈길을 단번에 사로잡았을 것이다. 실제로 며칠간 온라인에서 《디지털타임스》 전체 기사 중 가장 많이 본 기사 1위기도 했다. 청년 구직난 속에 고객 만족CS 강사가 새 직종으로 뜬다는 내용이었는데 고객 만족 강사의 역할은 무엇인지, 기업에서 왜 고객 만족 교육을 받는지 등을 상세히 다뤘다. 결론부터 말하자면 이 기사는 기사를 빙자한 광고, 즉 인포머셜informercial일 가능성이 높다. 특정 전문 학원이 언급되기도 하거니와, 실제로 고객 만족 강사는 오래 전부터 있었고, 강사 자격증을 가진 이들도 꽤 많다. 물론 실제 강사로 나서는 경우는 적지만 그렇다고 일반 상식으로 진짜 뜨는 직종은 아니다. 강사 교육과 자격증 발급이 비즈니스인 곳에서 이런 식의 기사를 내거나 광고 하는 것은 그들의 장삿속일 뿐이다. 놀랍게도 이런 인포머셜은 여러 신문에 수시로 등장한다. 유망 직업이라 소개되는 것 중 실제로 유망한 것들은 찾아보기 어렵다. 강사 양성 과정, 자격증 교육이라고 붙은 것 중 실제로 돈 들인 만큼의 효과를 거둘 수 있는 것은 없다고 해도 과언이 아니다. 자기 분야의 시장을 넓히고 그 안에서 비즈니스를 확대하려는 이들이 벌이는 장사이지 절대 사람들에게 좋은 직업의 기회를 만들어 주려는 것이 아니다.

쉽게 딴 자격증으로 취직이 된다는 말을 믿는 순진한 바보?

자격증 좋아하는 사람 참 많다. 자격증 좋아하는 사람이 많다 보니 자격증을 주는 곳도 많다. 과연 자격증이 취직에 어떤 도움을 줄까? 취직을 보장하는 자격증은 변호사, 의사, 회계사 말고는 거의 없다. 국가 자격증 중에도 특정 직업에서 필수로 요구하는 자격증을 따지 않는 한, 자격증이 취직을 시켜줄 리 만무하다. 그런데 국가 자격증도 아닌 협회나 단체 등에서 마음대로 만든 민간 자격증이 취직을 보장한다고? 그렇다고 장담하는 자격증은 거의 사기라고 봐도 무방하다. 협회나 단체의 이익을 위해 자격증을 발급하는 것이지 정말 실효가 높은 자격증은 찾기 어렵다. 트위터나 페이스북 등 SNS가 뜨니까 소셜 네트워크 자격증과 강사 양성 과정이 나오더니, 심지어 트렌드와 미래 예측에도 자격증이 있는 것을 보고 많이 놀랐다. 이런 자격증을 따기 위해 비싼 수강료를 내고 교육 과정을 이수하면 뭔가 그럴싸한 미래를 준비하고 있는 것 같은 착각이 들 수 있다. 하지만 단순한 취미나 지적 호기심 정도라면 모를까, 단기간에 돈만 내면 누구나 들을 수 있는 교육 과정이나 종이 쪼가리에 불과한 자격증에 취직이나 돈벌이를 기대하는 것처럼 무모한 짓도 없다.

당신을 속이는 자격증 장사꾼들

솔직히 혹세무민이다. 그냥 "나 이런 자격증 갖고 있다"는 의미 이상도 아닌 경우가 많은데도, 이것도 스펙이라고 자신을 위로하며 쓸데도 없는 자격증 따는데 시간과 돈을 낭비한다. 여전히 대학

가에는 자격증 시험 정보가 난무하고, 각종 기관은 학생들의 미래에 대한 불안감을 볼모로 비즈니스를 하고 있다. 이런 자격증들은 자격증 학원이나 자격증 발급하는 기관의 유망한 수익 사업일 뿐이지, 막상 시간과 돈을 들여 자격증을 딴 사람의 미래에는 의미가 없다는 것이 안타깝다.

이런 상황이니 난무하는 전문가 양성 과정을 볼 때마다 참 답답하다. 배우는 사람 마음이야 절박하겠지만, 막상 애써 딴 자격증이 '별 쓰임새 없다는 것'을 깨달은 사람들은 왜 이런 경험을 공유하지 않는 걸까. 그냥 허울 좋은 자격증 하나 딴 것에 만족해서 돈과 시간을 들였다는 사실을 잊게 되는 걸까. 그도 아니면 자기가 이미 딴 자격증이니 부정적인 이야기를 하는 것이 손해일 수 있다고 생각해서일까. 어쨌든 지금 이 순간에도 쓸모도 없는 자격증이 지속적으로 등장하고 있다.

다단계와 다를 바 없다. 피라미드 최상층의 돈벌이를 위해 나머지는 자신의 미래를 희생하면서도 마지막에 이르기 전에는 그 사실을 깨닫지 못한다. 실제 그런 자격증이나 강사들의 수요가 크게 존재해서가 아니라, 유혹에 빠져 기관의 강사 양성 교육을 수강해 이익을 창출해 줄 수요가 필요할 뿐이다. 결국 이런 자격증은 자기들 밥벌이를 위해 만들어 낸 종잇조각에 불과하다. 없는 수요를 거짓으로 조작해 사람을 속이는 것이니 사기라 해도 무방하다. 자격증

따서 그 자격증으로 실질적인 이득을 본 사람은 얼마나 될까. 앞으로는 어떤 자격증이 유망하다는 정보를 들을 때에는 적어도 이해관계 당사자의 말은 절반만 믿고, 더 많은 정보를 다양한 경로를 통해 알아보자. 방심한다면 자칫 감언이설에 속아 그들의 밥벌이 대상이 될 수도 있다.

세상은 당신을 끊임없이 속이고 있다

세상은 순진하지 않다. 이해관계를 위해 속이고 또 속인다. 제약회사는 비타민제를 복용하면 건강해진다고 광고하지만, 막상 제약회사에서 자유로운 의학자들은 비타민제가 건강을 해치고 생산 기업에만 이득이 된다고 주장한다.

비타민제 유행은 언제, 어떻게 시작된 것일까? 사실 과학적 근거 없는 혈액형별 성격 유형 분석이 확산했던 것이나 비타민제 유행이나 사람 욕구를 자극하고, 호기심이나 건강에 대한 욕구를 채워주었다는 점에서 비슷하다. 재미있게도 비타민제 맹신의 원조는 나치다. 1934년 의약품 기업인 로체가 비타민C 제품인 레덕손 Redoxon

을 생산했으나 당시에는 비타민C의 주기적 복용은 터무니없는 일로 여겼고, 의사와 의학 전문가도 비타민제 치료를 거부했다. 그러다 나중에 비타민C를 대량으로 주문하고 소비하는 일이 생겼는데, 바로 2차 대전 때 독일군에 의해서다. 1차 대전의 패배가 영양실조로 말미암은 체력 저하였다고 판단한 나치가 비타민을 선택한 것이다. 심지어 V드롭스라는 비타민 사탕도 만들어 전선의 병사들에게 보급했다고 한다. 1970년대 노벨상을 두 번이나 수상한 화학자 라이너스 폴링Linus Carl Pauling은 비타민C 맹신자였고, 이때 만들어진 비타민 신화는 2010년 이후에도 전성기를 누리며 세계 제약 업계에 효자가 되어 주고 있다.

상황이 이러하니 대기업들의 파상공세에 비타민제가 효과 없다는 주장은 늘 희석되거나 묻힐 수밖에 없었다. 지금도 음료, 화장품 광고 등에는 어김없이 비타민이 함유되어 있다는 문구가 삽입되고, 연예인이나 명사들이 비타민을 챙겨 먹는다고 대놓고 떠들 만큼 비타민 맹신은 우리의 인식 속에 뿌리 깊이 박혀 있다. 이런 맹신이 깨지지 않고 끊임없이 확대 재생산되는 것은 이것 덕분에 막대한 이익을 보게 될 개인 혹은 집단의 이해관계 때문이다. 이러한 예는 부동산 신화에서도 볼 수 있다. 건설 업계가 언론과 결탁해 몇십 년째 우려먹으며, 부동산 거품이 꺼지는 이 시점에도 여전히 부동산 투자에 대한 환상을 조장하는 것은 이와 관련한 그들만의 기득권을 절대

놓지 않으려는 이해관계가 밑바탕에 깔렸기 때문이다.

이해관계로부터 자유로운 사람의 말에 더 비중을 둬야

대학이나 정부 소속의 경제학자나 민간 연구소의 전문가들도 자신이 속한 조직이나 연결된 기업들과의 이해관계 아래에 있다. "나는 결코 부정을 저지르지 않았다. 정치 인생 30년의 명예를 걸고 맹세한다"라는 말이 무색하게 얼마 후 해당 정치인의 부정이 드러나는 것처럼, "우리 회사는 결코 위기가 아니다. 오히려 더 번창하고 있고, 올해 실적이 그것을 증명할 것이다. 시장에서 떠도는 루머는 음해일 뿐이다"는 말이 무색하게 몇 달 후 파산하는 회사를 여러 번 목격했다. 정치인은 지지자를 배신하고, 회사는 투자자를 배신한다.

세상의 거짓은 모두 이해관계에서 비롯된다. 국책 사업은 당장 기업과 연관있고, 사업자 선정이나 사업의 타당성 검토에는 연구원들의 연구 결과가 막대한 영향을 미친다. 그리고 이들 덕분에 특혜를 받은 기업은 이에 따르는 대가를 지불하는 것이 아직도 우리 사회 곳곳에 존재하는 불편한 현실이다. 이해관계 당사자라면 이해관계가 만들어 놓은 '편'의 게임에서 벗어나기 쉽지 않다. 이 말은 곧 조직에 해가 된다면 진실을 밝히기 어렵다는 의미다. 속고 살지 않으려면, 최소한 이해관계 당사자의 말만큼은 가려듣는 지혜가 필요하다. 그들의 이야기에서 믿을 것과 믿지 말아야 할 것을 가릴 수 있는 정보력을 갖추고 있어야 한다. 이해관계에 얽히지 않는 전문가의 말을 더 신뢰할 필요가 있다. 특정 증권 회사나 기업과 연결되지 않은 사람은 상대적으로 소신 발언할 기회가 많기 때문이다. 이왕 전문가의 말을 믿어볼 요량이면 적어도 특정 기업이나 정치 세력과 이해관계를 맺지 않은 전문가의 말을 우선 참고하고, 다른 전문가의 공통된 내용을 듣는다면 보다 본질에 가깝게 접근하지 않을까 한다.

팔랑귀는 귀가 얇은 게 아니라 안목과 소신이 없는 사람

원래 사람들은 보고 싶은 것만 본다. 수많은 단서가 널려 있어도 보고 싶은 것들만 보이기 마련이다. 사람들에게 신뢰를 주는 통계도 충분히 조작 가능하다. 원래 거짓말, 새빨간 거짓말, 통계 이 세 가지를 가리켜 '거짓말 3종 세트'라고 하지 않던가. 수치화한 통계가 가지는 한계는 분명하기에 맹목적으로 믿는 것은 위험하다. 실제로 트렌드 조작자들이 가장 많이 활용하는 것이 바로 통계다. 부실한 표본 설정한 설문 조사의 결과나 전체가 아닌 일부의 단락만 토막 내서 유리하게 해석하는 수치 그래프도 통계 형태를 띠고 있으면 사람들을 속이기 유리하다.

세상에 믿을 사람 없다. 이해관계 당사자들의 이야기를 순진하게 믿는 사람이 바보다. 믿어서 이익이 되는 경우보다 손해를 볼 가능성이 높은데도, 불안하고 무지한 사람들은 무엇인가 믿을 구석이 늘 필요한가 보다. 그것이 썩은 동아줄일지라도 말이다.

사기는 경제적으로 어렵거나 무지한 사람들이 많이 당한다. 절박한 이들에게는 진실처럼 꾸민 거짓 논리가 잘 먹히기 때문이다. 하기는 이해관계 당사자들이 자신의 이익을 위해 거짓을 진실처럼 포장하는 것이나, 탐욕에 눈이 멀어 진실을 가려내지도 않고 자신이나 자녀의 미래를 두고도 자기에게 유리한 대로 믿고 따르는 이들이나 누구를 탓하겠는가. 장사꾼이 물건 팔려고 하는 좋은 이야기를 다 믿어야겠나? 내 아이를 위해서라도 제발 가려서 듣는 지혜가 필요하다. 엄마라면 팔랑귀가 되기보다, 미래를 제대로 보고 우직하게 가는 것도 필요하다. 남의 배 불릴 시간에 진짜 아이가 원하는 것을 함께 찾는 데 투자하는 것이 훨씬 가치 있는 일이니 말이다.

내일의 **주류**가 될 수 있는 오늘의 **비주류**를 **공략**하라!

어떤 직업이든 그 분야에서 최고가 된다면 꽤 많은 것을 누리게 된다. 그런데 최고가 된다는 게 어디 쉬운 일인가. 되고 싶다고 되는 것도 아닌데다가 오랜 시간과 노력을 투자하고, 치열한 경쟁을 이겨야 오를 수 있는 자리다. 대부분의 사람은 어떤 직업에서든 "최고가 되겠다"는 각오보다 사회적으로 경제적으로 좋은 대우를 받기 위해 직업을 선택하는 경우가 많다. 실제 엄마들이 바라는 아이의 직업도 다를 바 없다. 사실 비주류 직업이라도 그 중 최고가 되면 주류 직업을 가진 이들이 누리는 평균치보다 훨씬 많은 것을 누릴 수 있다. 하지만 엄마는 자녀가 좁은 문을 통과하기 위해 모험하는 것을 원하지 않는다.

세 친구의 선택, 당신이라면?

십수 년 전 세 친구가 있었다. 한 친구는 누구나 선망하는 대기업에 입사했고, 다른 친구는 행정 고시에 합격해 공무원이 되었고, 마지막 친구는 당시로는 사람들에게 생소한 인터넷 비즈니스 벤처 기업에 들어갔다. 그 당시만 해도 앞선 두 친구는 주류 직업이었고, 마지막 친구는 비주류였다.

현재는 어떨까? 대기업에 들어간 친구는 과장을 끝으로 퇴사해 소규모 자영업자가 되었고, 공무원 친구는 여전히 그 자리에 있다. 마지막 친구는 어떻게 살고 있을까? 그 친구는 종종 언론 매체에도 얼굴을 보이는 유명한 IT 사업가로 자산만 천억 원대가 넘는 코스닥 상장사 대표다. 누가 보아도 주류를 선택한 두 친구에 비해 사회에서 훨씬 더 큰 성공을 거두었고, 수입 또한 비할 수 없을 만큼 많다.

하지만 전에는 상황이 달랐다. 두 친구가 축하 받을 때 이 친구는 우려를 들으며 사회에 진출했고, 첫 몇 년간은 두 친구가 훨씬 앞서가는 듯 보였다. 맞선 시장에서도 세 친구에 대한 평가는 극명하게 비교되었다. 물론 세 친구 모두 연애결혼을 했지만, 만약 선을 보고 결혼했다면 마지막 친구는 다시 한 번 현실의 벽을 느꼈을 것이다. 하지만 두 친구가 안정적인 직업을 누리는 동안 마지막 친구는 그 자리에 머물러 있지 않았다. 자신의 아이디어를 살려 새로운 사업에 도전했고, 몇 번의 고난과 실패를 겪으면서도 포기하지 않고 서서히 성장해 이제는 선망의 대상이 되는 사업가가 되었다. 굳이 미국의 스티브 잡스나 마크 주커버그의 사례를 들지 않더라도 이런 사례는 얼마든지 많다. 물론 비주류로 시작해 비주류로 끝나는 사람들도 많다. 마지막 친구도 초기에는 누가 봐도 비주류였고 그의 발전은 더디고 불안했다. 하지만 처음 사회에 진출하고 10년 후 십 세 친구의 차이는 10년 전보다 더 벌어졌다. 다만 전세가 역전되었을 뿐이다.

이제는 과거의 비주류가 미래의 주류가 되고, 과거의 주류가 미래의 비주류가 될 수 있다. 과거의 주류로 불리던 직업들은 첨단 로봇이나 컴퓨터 등이 만들어 낼 생산성과 효율성 극대화에 많은 일자리를 빼앗길 수 있지만, 새로운 도전으로 없던 사업을 만들어 내는 것은 오직 사람만의 몫이기 때문이다.

똑똑한 아이일수록 벤처 창업을 권하라

똑똑한 아이일수록 의대에 보내고, 고시에 매달리고, 대기업에 들어가는 게 당연하다고 여기는 부모들이 많다. 의사가 사람을 살리고, 판사가 정의를 지키고, 고위 공무원이 나라 살림을 하고, 교수가 후학을 양성하는 것 모두 중요한 일이다. 이런 일은 대개 좋은 대학을 가고 시험에 합격해야 이룰 수 있다. 그런데 이 정도의 머리와 끈기가 있다면 더 큰 일에 관심을 두는 것은 어떨까. 벤처 창업 같은 것 말이다. 벤처 창업가는 일자리를 만들고 미래를 개척한다. 이만큼 고부가가치에, 미래지향적인 일이 또 있을까.

우리나라도 점점 사업하기 좋은 환경으로 개선되고 있다. 청년 창업에 대한 투자도 확대하고 인프라도 좋아지고 있다. 미국의 신흥 부자들이 실리콘밸리나 벤처 창업자들에서 쏟아지는 것을 봐도 알 수 있다. 아이가 꿈이 크고 똑똑하다면 창업가가 되도록 키우는 것은 어떨까? 부모가 아이에게 줄 수 있는 가장 크고 값진 선물이 아닐까?

미래 고용 전망은 늘 암울하다. 어떤 기관이나 기업에 취직해서 고용되겠다는 식의 발상으로는 불안한 미래를 돌파하기 어렵다. 누군가에 의존하는 것이 아닌 직접 고용인이 되겠다는 도전 정신이 필요하다. 벤처 창업하기 점점 더 좋아지는 사회에서 아이들이 더 이른 나이에 더욱 다양한 도전을 하도록 도와주는 것이야말로 부모에게 필요한 진짜 치맛바람일지 모른다. 물론 부모의 몫은 아이가 주도해서 도전하도록 지원하고 응원하는 것에 한정되어야 한다. 아이가 새롭고 다양한 경험을 할 수 있도록 돕고, 문제의식이 샘솟도록 창의적인 환경을 조성해 주는 것은 무엇보다 중요하다.

　미래의 마크 주커버그나 스티브 잡스를 키운다고 생각해 보라. 상상만으로도 가슴 벅찬 일이 아닌가. 아직 세상에는 미래의 벤처 창업가들이 훨씬 더 많이 필요하고, 세상을 위해 새롭게 연구하고 개발해서 상품화할 것들도 무수히 많다. 미래의 기회는 모두 새로운 비즈니스에서 나온다는 사실을 기억하자.

아이의 행복한 **미래를 위한 키워드**

『유엔세계행복보고서』는 세계 150개 국가 1000명의 국민을 대상으로 5년간 가족과 친구·건강·소득·자유 등의 요소를 점수화하고 이것으로 순위를 매겼는데, 우리나라는 56위였다. OECD 회원 국이자 세계 10대 경제 대국에 속하면서도 행복 지수는 터무니없이 낮았는데 점수로는 10점 만점에 5점대 후반에 불과했다. 흥미롭게도 소득보다는 복지 수준이 가장 높은 북유럽의 덴마크, 핀란드, 노르웨이가 1, 2, 3위를 차지했다. 행복을 결정하는 요인에서 소득의 중요성을 부인할 수는 없지만, 직업의 질이나 선택의 자유도 행복 지수에 중요하게 작용했다. 이는 직업을 선택할 때 소득을 기준으로 하기보다 삶의 질을 결정하는 요인으로 바라보는 것이 중요함을 의미한다.

만족도 높은 직업을 고려해봤는가?

한국고용정보원은 2012년 3월, 약 2년간 2만 6181명의 재직자를 대상으로 조사한 759개 직업의 만족도를 발표했다. 그런데 결과는 의외였다. 대표적인 선호 직업 상위권인 교사와 공무원의 직업 만족도는 50위권에도 들지 못한 반면, 초등학교 교장 1위를 시작으로 2위는 성우, 3위 상담전문가, 4위 신부, 5위 작곡가, 6위 학예사, 7위 대학교수, 공동 8위가 국악인, 아나운서, 10위가 놀이 치료사였다. 2012년 교육과학기술부가 고교생 대상으로 조사한 선호 직업 1위인 교사는 만족도 조사에서는 90위였고, 선호도 2위였던 공무원은 234위, 선호도 3위였던 경찰은 만족도 570위에 머물렀다. 부모들의 선호도 상위권에 해당하는 의사의 만족도도 44위, 변호사는 57위에 불과했다. 교사들의 최종 목표인 초등학교 교장을 제외한다면 나머지 만족도 상위권 직업들은 우리가 생각하는 좋은 직업의 기준과는 거리가 멀다. 비록 부와 명예를 가지는 직업은 아니지만 필요한 역할이고 전문적인 직업들이다. 직업 선호도와 만족도가 큰 차이를 가지는 것은 그만큼 직업 선택에서 자신의 적성은 무시하고 경제적 이유나 사회적 지위를 우선으로 고려했다는 방증이다. 막상 자기 적성에 맞는 일을 하고 있다 해도 힘든 순간에 맞닥뜨릴 때가 있는데, 적성에도 맞지 않고 재미도 없는 일을 한다면 만족도는 떨어질 수밖에 없다. 결국 삶의 질이나 행복도 기대하기 어렵다. 물론 돈 많이 버는 직업이 최고이고 적성 타령은 배부른 소리라고 여기는 부모들이 많기는 하다. 그들의 소신을 자식에게 강요하고 있는 것도 현실이다. 하지만 이제는 다시 생각해 볼 시점이다. 전통적으로 돈 잘 벌고 사회적 지위를 가진다는 직업들의 미래도 안심할 수 없는데다가, 평생 살면서 여러 개의 직업을 거쳐야 하는 시대를 맞고 있다.

왜 아이가 좋아하는 것을 잘할 수 있도록 밀어주지 않는가?

적성에 맞는 전공 선택, 그 전공에 맞는 직업 선택은 당연한 일임에도 현실은 그렇지 못하다. 적성이 무엇인지 알고 있는 경우도 드물뿐더러 적성에 맞는 전공을 선택하는 경우는 더 드물다. 게다가 그렇게 전공을 선택해도 막상 사회에 나올 때에는 전혀 상관없는 직업을 가지는 것이 대부분이다. '하고 싶은 것을 해야 즐겁다'는 상식만 지켜도 아이의 장래는 더 밝아질 수 있다. 하고 싶은 것을 하면서 전문성을 키울 때 사람은 더 창조적일 수 있고, 성공할 수 있다.

'아는 자는 좋아하는 자만 못하고, 좋아하는 자는 즐기는 자만 못하다知之者不如好之者, 好之者不如樂之者'는 말이 있다. 베르나르 베르베르는 어려서부터 개미 탐구를 즐겼던 덕분에 『개미』라는 독창적인 소설을 쓸 수 있었다. 영화계의 이단아이자 도발적인 발상으로 마니아들의 지지를 받고 있는 쿠엔틴 타란티노는 정규 교육으로 영화를 배운 게 아니라 비디오 가게에서 일하면서 수많은 영화를 탐닉한 덕분에 독특한 색깔을 가진 영화감독이 되었다. 언제나 놀라운 판타지를 선사해 주는 미야자키 하야오는 어려서부터 만화를 좋아하고 즐겨 읽었던 덕분에 애니메이션 분야에서 일하게 되었고, 좋아하는 일을 열정적으로 하다보니 세계적인 애니메이션 감독까지 될 수 있었다. 이들은 모두 자신이 좋아서 하던 놀이이자 흥미롭게 몰입할 수 있었던 분야에서 창조적 성과를 이루어 냈다. 일이라 생각하면 힘들고 지겨울 일도 재미있는 놀이라 생각하고 즐겁게 몰입한다면 충분히 해낼 수 있다.

독서 삼매경에 빠진다는 표현이 있다. 무아지경이자 극도의 몰입

상태에 빠지는 것으로 고도로 집중해 책에 푹 빠져 다른 것은 들리지도 않고 심지어 배도 고프지 않다는 뜻이다. 정말 즐겁게 몰입하면 훨씬 더 높은 집중력으로 더 많은 일을 할 수 있는 에너지가 생긴다. 우리에게 몰입이 필요한 이유가 바로 이것이다.

몰입을 위해서는 첫째로 그 일을 정말 좋아해야 한다. 자신이 목표로 하는 바가 있다면 좋아하는 것이 우선이다. 몸과 정신은 진정 좋아하는 일에 훨씬 놀라운 능력을 발휘한다. 몰입하면 창의력은 저절로 샘솟는다. 당신의 아이가 정말 몰입할 수 있는, 자신이 좋아하는 일을 빨리 찾아주어야 한다. 아이가 행복할 수 있는 미래를 찾아야 하지 않겠나?

아이의 미래를 진심으로 걱정한다면 엄마인 당신이 중심을 바로 잡아야 한다. 얇은 귀로 여기저기서 쏟아지는 감언이설에 혹했다가는 정말로 아이의 미래를 망치는 엄마가 될지도 모른다. 바로 지금, 가지고 있는 교육관을 돌아보고 바로 잡아야 한다. 한번의 선택이 미래를 좌우할 수 있기 때문이다.

PART 3

미래의 경쟁력을 갖출 아이, 어떻게 키울 것인가?

경제학자 피터 드러커Peter Drucker는 "미래는 예측하는 게 아니라 창조하는 것이다"라고 말했다. 이는 수많은 경영구루나 미래학자도 한결같이 강조하는 부분이다. 많은 사람이 운명을 말하지만, 다른 한편에서는 벗어날 수 없는 운명처럼 보였던 현실을 극복하고 훨씬 나은 삶을 영위하는 이들도 많다. 미래는 얼마든지 바꿀 수 있다. 오늘 어떤 선택을 하고, 어떤 실행을 하느냐에 따라 당신과 아이의 미래는 얼마든지 바뀔 수 있다. 그렇다면 지금 당장 해야 할 것은 무엇인가. 무엇보다 필요한 것이 아이가 경쟁력으로 무장할 수 있도록 도와주는 것 아니겠는가? 아이의 미래, 그것은 엄마의 '생각의 변화'에서부터 시작한다.

좋아하는 일에는
몰입도 잘 되고,
호기심도 생긴다.
어떤 환경에서 자라고,
무엇을 누렸느냐에 따라
관심사와 호기심 대상은
달라진다.

미래의 경쟁력을 갖출 아이,
어떻게 키울 것인가?

자녀를 위한 최고의 **선물**은 **치맛바람?**

최고의 영광이자 성공의 상징인 노벨상을 받은 사람들이 기념 연설에서 자주 언급하는 것은 자신이 현재에 이를 수 있도록 동기를 부여해 준 사람이다. "세상을 바꿀만한 더 크고 중요한 일에 도전해 보아라. 너라면 충분히 해낼 수 있을 거야". 그들의 주변에는 당장은 조금 부족해 보이고, 더딜지라도 더 큰 꿈을 가질 수 있도록 격려해 주는 사람들이 항상 함께했다.

과연 당신은 아이에게 어떤 말을 하는가? 꿈을 꾸는 아이에게 '우선 명문대부터 가라'고 강요하거나, '가난하면 평생 무시당하고 산다'라고 협박하고 있지는 않은가. 과연 엄마들이 생각하는 최고의 가치가 아이들에게 도전하고 극복할 만한 에너지를 불러일으키는 동기 부여가 될 수 있을까. 작은 꿈을 가진 아이로 만들고 싶다면 당신은 지금 그 자리에 머물러도 좋다. 어제 했던 말을 오늘 다시 아이에게 하고, 어제 보여주었던 미래를 오늘 아이에게 다시 보여주어도 상관없다. 이것이 정말 당신이 원하는 길이라면 말이다.

그렇지 않다면 당신은 변화해야 한다. 더는 좋은 직업 하나로 평생 안정적으로 살아가기 어려운 시대가 다가오고 있다. 사랑하는 아이가 좋아하는 일을 찾을 수 있도록 도와주어야 한다. 이것이 바로 현명한 엄마의 역할이다.

맹모삼천지교에 대한 엄마들의 오해

어떤 직업도 직업 자체로 성공을 보장하지는 않는다. 모든 직업은 살아남기 위해 치열한 경쟁을 이겨내야 하는데, 어떤 분야든지 최고가 되는 사람들의 공통점은 자신이 좋아하는 일에 열정을 쏟았다는 것이다. 우리 아이들도 직업 자체를 찾아주는 것보다는 좋아하는 일을 찾고, 열정을 쏟을 수 있게 해야 한다. 한 분야에서 최고가 될 수 있는 열정은 어디에서 나오는 것일까? 엄마의 애정과 희생만으로 아이의 가슴에 열정을 불러일으킬 수 있을까?

엄마의 치맛바람부터 걷어 내야 한다. 미래를 스스로 결정하지 못하는 아이의 가슴에 열정이 있을 리 만무하다. 새로운 것에 대한 도전을 두려워하지 않는 모험심도 필요하다. 남들과 똑같은 길을 가면서 남들과 다른 성공을 기대한다는 것은 '우물에서 숭늉 찾는 것'과 다를 바 없다.

　엄마들은 치맛바람의 정당성으로 '맹모삼천지교'를 앞세운다. 지나친 사교육도 아이에 대한 깊은 사랑과 안정적인 미래를 만들어 주기 위한 부모의 희생이라고 착각한다. 이런 맹신과 고집은 변화에 더욱 무뎌지게 한다. 부동산 불패 신화는 이미 무너졌다는 것을 받아들이지 못하고 집값, 땅값에 미련을 버리지 못하는 사람들과 비슷하다. '설마'가 정말 사람 잡는 시대임에도 아직도 과거에 빠져 허우적대는 당신의 상식은 한계가 왔다.

　사교육은 투자한 만큼 효과를 본다고 한다. 경제가 어렵다고 여기저기서 노래를 불러도 사교육 시장은 전혀 위축하지 않는다. 오히려 미래에 대한 불안함을 떨치기 위해 더 혈안이다. 무엇이든지 우선 시켜놓고 보자는 식인데, 이 말에는 그럴싸한 함정이 있다. 아이들의 미래를 위해 필요한 것은 '다 시켜 본다'는 엄마들이 실상은 현재 필요한 것들에 빠져 있을 뿐, 변화한 시대에서 살아남기 위한 경쟁력을 갖추기 위해서는 무엇이 필요한지 모르고 있다. 그러니 엄청난 시간과 노력을 기울이지만, 불필요한 스트레스와 피로감만 쌓이게 해서 아이를 더욱 힘들게 하는 경우가 많다.

　초등학생이 성적 때문에 자살을 한다. 대학에 진학하고도 많은 청년이 자신이 하고 싶은 것을 제대로 알지 못한 채 방황한다. 어떤

가? 이 모든 것이 엄마의 잘못된 상식에서 비롯됐다고 몰아붙인다면 억울할 텐가.

사교육으로 아이를 멍청한 학습 기계로 만들 것인가?

사교육, 해도 해도 너무한 경우를 자주 본다. 우리나라 현실에서 중고생이 입시를 위해 국·영·수 과외를 하는 것은 이상할 것이 없다 쳐도, 초등학교 체육 실기 점수를 잘 받기 위해 따로 교육하는 학원까지 있다고 하니 경악할 따름이다. 물론 수요가 있으니 공급이 있는 것이고, 이 모든 수요의 주범은 엄마들의 지나친 사교육 사랑이다. 무엇이든 사교육으로 해결하려 들고, 이렇게 해서라도 아이가 더 높은 성적을 받아야 한다는 강박증이라는 수갑을 풀어 버릴 수는 없을까. 고액 과외나 합숙 과외 등 편법이나 적당한 불법도 마다치 않고, 시험 문제를 빼돌리거나 불법 청탁과 뇌물도 서슴지 않으니, 어쩌다 이 지경까지 온 것일까. 아이를 향한 부모의 잘못된 사랑 앞에서는 양심도 장님이 된다. 그런데도 아이들이 법조인이나 사회의 리더가 되길 바라는 것은 아이러니가 아닐 수 없다. 이런 교육을 받은 아이들이 제대로 된 가치관으로 바람직한 역할을 해낼 수 있을지 우려되는 부분이다.

"나만 아니면 돼!". 예능프로그램 '1박 2일'에서 복불복 게임을 할 때 강호동이 늘 외치던 말이다. 그런데 혹시 엄마들도 속으로 똑같이 외치고 있는 것은 아닐까. 강호동은 예능인이다. 그가 하는 말이나 행동은 시청자를 즐겁게 하기 위한 것이고, 최고 진행자로서의 부와 명예를 가져다준다. 그런데 '내 경험은 절대 날 외면하지 않을 것'이라는 복불복과 다를 바 없는 엄마들의 고집은 아이들에게 무엇을 가져다줄까.

잠시 마구 내달리던 사교육의 고속도로에서 급브레이크를 밟을 때가 왔다. 영어에 쏟아 부었던 비용과 시간을 대체할 영역이 무엇인지 고민하고 결정해야 한다. 기계와 로봇, 첨단 기술 문명의 시대에서 우리 아이를 더 특별하고 가치 있는 인간으로 만들어 줄 것은 무엇인지 답을 찾아야 한다.

정답은 창의성 안에 있다. 로봇이나 기계가 대체하지 못하는 인간의 능력, 그것이 바로 창의성이다. 앞으로 창의성을 강조하는 교육 시장은 계속 커질 것이다. 다만 이 속에서도 교육산업의 장삿속에 놀아나지 않으려면 엄마들이 중심을 잡아야 한다. 엄마가 창의적으로 미래를 바라보는 눈을 가져야만 아이도 새로운 미래에 눈을 뜰 수 있다. 무턱대고 입시 교육에 쏟아 부었던 것처럼 엉터리 창의력 교육에 속아 돈과 시간을 낭비해 아이를 멍청이로 만들어서는 곤란하지 않겠나.

진짜 자기 주도 학습은 맹목적 사교육 맹신으로는 불가능

사교육의 목적은 좋은 점수에 있다. 학원 강사가 이끌어주는 대로 따라가면 되니 시행착오를 거칠 필요도 없이 핵심만 단기간에 집중적으로 학습하면 된다. 학생들은 문제의식을 느낄 틈도 없이 모범 답안을 그대로 받아들이기 바쁘다. 당연히 알고 있는 지식을 응용하거나 스스로 문제를 해결하는 능력은 부족하다. 강사가 물고기를 잡아 차려 준 밥상을 먹는 데 익숙한 아이들은 고기 잡는 법은 알지 못한다. 우리 아이들은 입시에 나오지 않는 것에는 무지한 '반쪽 똑똑이'가 되었다. 학습 능력이라는 방패는 있는데 진짜 사회에서 살아남기 위한 창, 즉 경쟁력은 갖추지 못한 사람이 되었다. 이것이 그렇게 당신이 믿고 있는 입시 교육, 사교육의 결과다.

사교육의 문제점을 지적하는 목소리가 커지다 보니 사교육 시장은 새로운 카드를 꺼내 들었다. 자기 주도 학습이라는 그럴듯한 교육 방식이다. 참 모순적이지 않은가. 자기 주도라 함은 스스로 문제의식을 느끼고 해결해 가는 것이 중심인데, 이마저도 사교육 시장에서 가르쳐 주겠다는 것이다. 상품화된 자기 주도 학습이 진짜 자기 주도 학습일 수 있을까. 어찌 됐든 허울만 좋을지라도 워낙 인기이다 보니 이제는 너도나도 우긴다. 진짜 자기 주도 학습이 가짜 자기 주도 학습에 밀려나는 상황이다.

자생력과 적응력을 크게 요구하는 미래에는 스스로 문제를 극복하는 과정이 반드시 필요하다. 그런데 사교육은 단기간에 집중적으로 효과를 거두기 위해 선험자의 노하우를 집약적으로 전달한다. 시키는 대로 따라서 흡수하게 되는데 쓰임새라고는 입시와 성적에 관련한 지극히 한정된 것뿐이다. 이런 식의 교육만 십수 년 째 받아 온 아이들은 사회에 나가면 얼마 있지 않아 자신이 얼마나 능력 없는 사람인지 절망한다.

공무원을 꿈꾸는 아이들에게는 굳이 도전 정신이 필요 없다. 주변에서 너무 현실적인 이야기를 많이 듣다 보니 겁쟁이가 되어 버렸다. 미래는 더 거칠고 치열하다. 그러기에 도전 정신은 살아남기 위한 가장 기본적인 무기다. 돈 많고, 인맥 좋다고 나쁠 것은 없다. 하지만 과잉은 결핍보다 훨씬 나쁜 결과를 가져올 수 있다. 아이들을 자기밖에 모르는 나약한 고집쟁이로 만들고 싶다면 계속 겁쟁이로 내버려 두면 된다. 입시 경쟁을 치렀던 것처럼 공무원 시험 경쟁에 뛰어들면 되니까.

세상에서 가장 **머리 나쁜 아이**로 만들 것인가?

 2012년 5월 한국직업능력개발원이 공개한 『중고등학생의적성및학습시간변화』라는 보고서를 보면 남·여 중고생 모두 10년 전보다 자연 친화력·창의력·언어 능력·자기 성찰 능력은 감소하고, 수리력·논리력만 유일하게 소폭 상승했다고 한다. 학교는 전인적·창의적 인재 양성을 교육의 가치로 내세우지만 실상은 좋은 점수가 우선인 교육에서 헤어나지 못하고 있는 셈이다.

 최근 우리나라 중고생의 학습 시간은 모두 증가하는 추세로 중학생은 사교육 시간이 증가했고, 고등학생은 학교 학습 시간과 사교육 시간 모두 증가했다. 공부하는 시간은 계속 늘어나는데 수리력·논리력 외에 나머지는 그다지 나아지는 것이 없다. 세계에서 가장 많은 학습 시간을 자랑하는 우리나라 중고생의 절대적인 학업 능력은 세계 최고지만, 학습 시간 대비 학업 능력에서는 크게 뒤떨어진다는 것은 우리가 얼마나 비효율적인 교육 시스템을 가졌는지 방증하고 있다. 공부는 잘하지만 그만큼 공부 시간도 길어 학습 효율성이 크게 낮기 때문이다.

 실제로 우리나라 학생들의 학습 능력이나 아이큐는 단연 세계 최고 수준이다. 그런데 이들이 학습에 투여하는 시간도 세계 최고다.

2008년 한국직업능력개발원의 조사로는, 한국 중고생들의 '학습 효율화 지수'는 OECD 30개 회원국 중 24위였다. '학습 효율화 지수'는 PISAProgramme for International Student Assessment 점수를 학습 시간으로 나눈 수치다. PISA 자료를 보면 우리나라의 주당 학습 시간은 49.43시간으로 OECD 평균(33.92시간)보다 훨씬 높다. 반면 2007년 '수학·과학 성취도 비교연구TIMSS-Trends' 평가 결과 능동적·창의적 학습 수준을 측정하는 자신감과 흥미도 지수에서 한국은 49개국 가운데 43위였다. 분명 가장 오래 공부하는데 시간당 학습 효율은 크게 떨어지는 것으로, 머리 나쁜 아이들이 오래 공부해서 머리 좋은 아이가 한 시간 공부한 만큼의 효율을 거두는 식이다. 그렇게 큰 비용을 들여 사교육에 집중하는데도 우리나라 아이들의 학습이 비효율적인 이유는 무엇일까.

그렇게 사교육에 난리를 쳐도 아이들의 입시 스트레스만 가중시킬 뿐이지 실제 학습 능력은 큰 차이가 없다. 재미없는 것을 억지로, 수동적으로 하는 학습이다 보니 당연할 수밖에 없다. 앨빈 토플러의 말처럼 엄청나게 공부하는데 정작 미래에 존재하지 않을 직업이나 쓸데없는 것만 공부하는 셈이다. 가장 중요한 창의력이 우리나라 교육에서는 너무 간과되고 있고, 그마저도 사교육에서 '자기 주도 학습'이라는 허울 좋은 말로 포장된 가짜 창의력 교육만 난무하고 있다.

입시는 대학 가고나면 그만인 공부가 아니던가. 입시를 대비한 공부 중에서 대학은 물론이고, 직장이나 사회에서 써먹을 만한 게 얼마나 되겠나. 이것은 먼저 경험한 엄마들이 더 잘 알지 않는가?

중간에 서라는 것은 꼴찌가 되라는 뜻이다

과거의 부모들은 아이들에게 '너무 앞에 서지 말고 중간에 서라'는 이야기를 마치 삶의 큰 지혜라도 되는 것처럼 많이 했다. 너무 튀지 말고 남들과 잘 섞여 있으라며, '모난 돌이 정 맞는다'는 속담을 진리로 여겼다. 그 시대에는 그랬다. 경험의 힘은 대단히 위력적이다. 자신이 경험한 것에 따라 가치관이 바뀌고, 이 가치관은 아이들에게 영향을 미친다.

당신은 아이에게 어떤 가치관을 심어주고 있는가. 미래를 살아갈 아이의 엄마로서 무엇을 하고 있는가. 혹시 여전히 아이에게 '너무 앞서지 말라, 중간에 서라'고 이야기하는 것은 아닌가. 그런 이야기를 아직도 하는 엄마가 있다면 생각을 바꿔야 한다. 지금보다 훨씬 더 치열해지는 미래, 중간은 꼴찌나 마찬가지일 수 있다.

모난 돌이 정 맞는다는 말 대신 '낭중지추囊中之錐', '군계일학群鷄一鶴'이라는 사자성어를 아이에게 일러주는 것은 어떨까. 이미 자기 PR의 시대로 접어든 지 오래다. 미래에는 더하면 더했지 덜하지 않을 것이다. 우리 아이들은 자신을 드러내는 게 미덕인 시대를 살아가고 있다. 과거 내세웠던 미덕처럼 묵묵히 중간에 서다 보면 그냥 묻혀 버리기 일쑤다. 당신의 아이가 존재감 없는 아이가 되기를 원하는가?

'용의 꼬리보다는 뱀의 머리가 낫다'는 말이 있다. 오래된 속담이지만 시대에 상관없이 틀린 말은 아닌 것 같다. 구조 조정이나 효율성, 혁신은 꼬리를 잘라내고 아주 날씬하고 날렵하게 날아오르고자 하는 것이다. 위기에 노출되지 않으려면 잘라내도 기능에 문제가 없는 꼬리보다는 보고, 듣고, 판단하기 위해 반드시 필요한 머리가 되어야 한다. 누구도 대체할 수 없는 존재가 되지 않으면 수시로 위기에 노출되기 마련이다. 대기업이든 공무원 사회든 언제 어떻게 될지, 예측할 수 없는 세상이 빠르게 다가오고 있다. 주도하는 역할이 아니라면 언제든지 대체하거나 구조 조정의 대상이 될 수 있다.

다시 한 번 강조하지만 고용은 점점 사라진다. 고용되지 않고도 먹고 살 방법을 찾아야 한다. 그 대체 방안으로 제시되고 있는 것이 1인 기업이다. 프로젝트 형태로 전문가들이 모이거나 자신의 브랜드와 전문성을 가진 이들이 스스로 일자리를 창출하는 것이다. 관리 인력은 줄고, 생산 인력은 로봇으로 대체하는 시대에는 오직 전문가만이 살아남는다.

아이가 극복해야 할 세 가지 경쟁

흔히들 피 터지게 경쟁한다고 한다. 살아남기 위해 인간성을 버리고, 살기는 점점 더 팍팍해진다고 걱정한다. 하지만 일자리가 폭발적으로 늘어나지 않는 한 정도는 점점 심화할 것이다. 전혀 완화하지 않을 것이다.

경쟁은 세 가지 맥락으로 볼 수 있다. 첫째, 물리적으로 한정된 자리를 두고 치열하게 다투는 남과의 경쟁이다. 내가 보기에 좋은 직장은 남들 보기에도 좋은 직장이다. 결국 좋은 직장을 차지하기 위한 치열한 경쟁에서 살아남으려면 남보다 더 나은 경쟁력을 가져야 한다. 남들과 비교할 수 없는 경쟁력 확보를 통해 우위를 점해야 한다.

둘째, 끊임없는 자신과의 경쟁이다. 단지 테스트에 통과하기 위한 실력이 아니라 진짜 자신이 하고자 하는 일을 찾고, 그 분야에서 최고가 되기 위한 실력을 쌓기 위해서는 자신과의 경쟁을 이겨내야 한다. 이는 다른 사람들과의 경쟁 못지않게 힘든 과정이다. 적성에도 맞지 않고 재미도 없는 일을 평생 한다고 생각해 보라. 남과의 경쟁에서 이겨 좋은 직장은 차지했지만, 막상 자신과의 경쟁에서 지고 무의미한 일상을 보낸다면 이만한 불행도 없다.

마지막 경쟁은 사회와의 경쟁, 시대와의 경쟁이다. 좀 거창해 보이고 막연해 보이지만 꽤 현실적인 경쟁이다. 사회 흐름을 제대로 보지 못하면 남들보다 좋은 스펙을 쌓고, 자신도 만족할 영역에서 높은 지위에 올랐어도 막상 그 역할이 사회에서 쓰임새가 사라져 버리는 상황에 직면한다. 사회 변화의 속도가 점점 빨라지고 있기에 앞으로는 이런 좌절을 경험하는 사람도 많아진다.

완벽한 성공을 위해서는 위의 세 가지 경쟁에서 모두 이겨야만 한다. 경쟁이라 하면 늘 남과의 경쟁만 생각하던 사람은 갑자기 경쟁대상이 세 가지나 된다는 사실이 버겁고 부담스러울지 모르겠지만 당면한 현실이다.

특정 분야의 전문가가 되는데 영국 작가 말콤 글래드웰 Malcolm Gladwell은 1만 시간, 우리나라의 대표적인 경제학자 공병호는 10년이 소요된다고 말했다. 특정 분야에서 10년 정도 일했다면 전문가로 진화할 기반은 가진 셈이고, 그때부터는 개인 브랜드 Personal Identity를 어떻게 만드느냐에 따라 조직에 기대지 않고도 자기만의 경쟁력을 가질 수 있다. 이것은 대학 졸업장이나 사교육으로 얻을 수 있는 것이 아니다. 결국 미래에 맞는 새로운 인간형으로 거듭나지 않고서는 조직 시대에서 개인 시대로 전환하는 사회에서 생존하기 어렵다.

개인 브랜드를 갖추는 것은 특별한 전문성을 갖춘다는 의미

대체재가 없는 존재라는 것은 아주 중요하다. 지금은 개인 브랜드가 곧 자본인 시대를 살고 있다. 예를 들자면 빌 게이츠, 워런 버핏, 스티브 잡스, 제프 베저스, 스티븐 스필버그, 이건희, 안철수 등이 높은 가치를 가진 개인 브랜드라고 할 수 있다. 이들의 행동이나 발언은 많은 사람에게 직·간접적인 영향을 미치고, 파생하는 경제 효과도 막대하다. 말 그대로 제대로 이름값을 하는 사람들이다. 조직에 기대서 평생 직장을 꿈꾸는 사람들에게는 절대 없는 것이다.

프리 에이전트나 1인 기업가의 등장은 더욱 가속하고 있으며, 자신의 능력과 가치를 인정해 주는 곳을 찾아 언제든지 이동하는 것이 보편화 되었다. 이런 때일수록 개인 브랜드의 가치는 더욱 중요하다. 기업가나 정치가 등 명사뿐 아니라, 사회생활을 하는 모든 개인에게 브랜드 가치 향상을 위한 노력은 필수다. 그런데도 당신의 아이에게 중간에 서라는 것은 브랜드도 없이 그저 그런 평범한 사람이 되어 위기에 봉착했을 때 가장 먼저 칼날을 맞는 사람이 되라는 것과 다름없다.

정년퇴직이라는 말이 낯설게 들리는 시대다. 공무원이 아니고서야 정년을 기대하는 이들도 점점 사라지고 있다. 대기업에서는 40대 중반이 실질적인 정년이라 할 정도다. 50대까지 버티면 잘 버텼다는 이야기도 나온다. 공무원도 크게 다르지 않다. 정년퇴직을 꼬박 채워봐야 60대 초반이면 끝이다. 기대 수명은 점점 늘어나 이제 100세 시대를 바라보는데, 아무리 안정적인 공무원이라 해도 정년퇴직을 하고 적어도 40년을 더 살아야 한다. 노후 대비가 충분한 경우에도 사회에서 자신의 역할 없이 시간을 보낸다는 것이 즐거운 일은 아니다. 이미 시작된 심각한 현실은 당신의 아이가 살아갈 미래에 더욱 절망적일 것이라는 사실을 기억해야 한다.

싸워서 이기게 할 것인가?
안 싸워도 이기게 할 것인가?

누구나 승자를 꿈꾼다. 부모가 가장 바라는 아이의 미래도 사회적 성공, 즉 승자가 되는 것이다. 이제까지의 승자는 치열하게 경쟁해서 누군가를 추월하거나, 밟고 올라서야 했다. 그러다 보니 이긴다는 것은 늘 남과의 싸움이었다. 입시나 취업이나 승진이나 모두 다른 사람과의 경쟁이다. 경쟁이 점점 더 치열해진다면 아이들은 더 치열하게 누군가와 싸워야 하는 상황이 된다. 일자리 하나를 두고 10명이 싸운다면 나머지 9명을 눌러야만 승자가 되어 취직에 성공할 수 있다. 미래로 가면 갈수록 일자리는 무조건 줄어든다. 경쟁이 더욱 치열해진다는 의미다.

첨단 기계 문명은 사람의 업무 효율성을 극대화해 고용을 줄이는 데 이바지한다. 양극화가 현재보다 훨씬 더 심화하여 소비 여력이 있는 사람과 그렇지 못한 사람이 극단적으로 갈리고 중간은 점점 사라진다. 결국 고용도 줄고 소비 여력을 가진 인구도 준다. 이런 악순환이 반복되어 가진 자들은 더 많이 갖고 더 편한 삶을 누리고, 가지지 못한 사람은 복지만 초조하게 바라보는 위태로운 미래를 맞아야 한다. 치열한 경쟁 체제에서 지는 것은 곧 도태로 이어지기 쉽다. 이럴 때 필요한 것은 경쟁의 틀이 아닌 새로운 길을 찾아내고, 주도하는 능력이다. 싸워서 이기기보다 싸우지 않고도 이기는 길이 필요하다.

당신은 아이들이 얼마나 더 치열하게 경쟁하기를 바라는가? 누군가를 추월해야 이기는 상황을 얼마나 더 겪게 하고 싶은가? 타인과의 경쟁 체제에만 익숙하게 만들어 놓았다가 만약 경쟁에서 밀리면 어떻게 할 것인가? 어차피 경쟁이 더 심화하면 이기는 사람보다 밀리는 사람이 많을 수밖에 없다. 경쟁에 뛰어든 모두 이기면 좋겠지만 이는 영화에도 나오기 어려운 환상이다. 경쟁은 누군가의 패배를 반드시 동반한다. 경쟁 체제에 맞게 자신을 맞추었다가 밀리면 그 사람의 경쟁력은 더 떨어질 수밖에 없다.

요즘 대학생들이 스펙 높이는 것으로 취업 경쟁에 나서는데 모두 똑같은 곳에 집중하다 보니, 평균 스펙만 높여 놓은 상황이 되어버렸다. 돈과 시간을 투자해 갖춘 스펙이 별 의미가 없어졌다. 그렇다고 취업이 된 후에라도 쓰임새가 있기는 한가? 입시 공부가 대학 들어갈 때 외에는 쓰임새가 없는 것처럼 누구나 다 하는 어학연수, 점수 높이기 스킬로 다져진 토익 점수 등은 사회생활에서 차별화된 경쟁력이 되어주지 못한다.

앞선다는 것도 절대적으로 앞서는 것이 있고 상대적으로 앞서는 것이 있다. 절대적인 선두는 늘 더 많은 기회를 누리기 좋지만, 상대적인 선두는 새로운 환경과 변수 때문에 늘 선두의 자리가 위태로울 수 있다. 경쟁에서는 다른 사람이 절대 따라올 수 없는 능력, 즉 자신이 지배하는 새로운 질서를 만들어 내는 사람이 가장 유리하다.

한 발 앞서가면
훨씬 유리한 위치를 점할 수 있다

필자는 신문방송학을 전공했지만, 사회에 첫발을 내디딘 분야는 인터넷 비즈니스였다. 신문방송 전공자들이 대개 신문사, 방송국, 광고회사 등을 지망하는 것과 달리 인터넷 비즈니스를 선택한 이유는 이 분야가 미래의 주류 미디어가 될 것이라는 확신 때문이었다. 1990년대 초반부터 온라인 미디어에 관심을 둔데다, 미국에서 인터넷이 다양하게 활용되는 것을 보면서 인터넷이 곧 미디어라는 믿음이 있었다. 하지만 1990년대 중반 당시 지도 교수 생각은 달랐다. 인터넷은 전자 공학이나 공대의 영역이라며 만류했다. 경험의 함정에 빠져 있던 지도 교수의 말은 아무런 영향도 끼치지 못했다. 아무것도 가진 것 없는 도전자이던 나는 오히려 새로운 기회에 쉽게 다가갔고, 국내에서 인터넷 방송이라 불리는 웹 캐스팅을 통한 온라인 미디어와 뉴미디어 기반의 콘텐츠 비즈니스에 뛰어들었다. 물론 이전에 PC 통신사와 이동 통신 기업 등 IT 대기업도 인터넷 비즈니스가 산업의 새로운 질서가 될 것이라고 믿었다.

내가 선택한 온라인 미디어는 당시 국내 태동기이다 보니 조금만 노력하면 금세 두각을 드러내며 앞서 갈 수 있었다. 국내에는 정보도 부족하던 시기, 남들보다 먼저 전문 서적을 쓰고 관련 컨설팅 분야에도 뛰어드는 등 왕성한 활동을 했다. 덕분에 인터넷 비즈니스가 급성장하며 소수만이 알던 분야에서 모두가 아는 분야로 커졌고, 중요한 성장 산업이 되면서 훨씬 유리한 고지를 점하게 되었다. 지금의 유튜브 같은 동영상 기반의 인터넷 서비스를 1990년대 후반에 시도했었으니 꽤 빠른 접근이기는 했다. 물론 사업적으로 큰 성공을 거두었다고 말할 수는 없지만 나에게 더 많은 기회를 만들어

준 것만은 확실하다.

 만약 신문방송 전공자이면서 미디어 분야에 뛰어들고 싶어 했던 필자가 이미 확고하게 자리가 굳어 버린 올드 미디어인 신문사나 방송국에 들어갔더라면 말단 기자나 겨우 입봉한 PD가 되었을 것이다. 그러나 젊은 날의 도전 덕분에 나는 이미 국내에서 손꼽히는 온라인 미디어 전문가로 여러 권의 책을 쓰고, 대학에서 강의하고, 수많은 기업의 프로젝트를 컨설팅하며 커리어를 쌓았다. 이 모든 것이 기존의 질서에 편승한 선택이 아니라, 새로운 질서를 만들겠다는 선택을 했던 덕분이다. 이미 질서가 확립된 영역에서는 아무리 잘해도 용의 꼬리다. 하지만 아직 뱀, 그것도 아주 어린 뱀이라면 금세 꼬리에서 몸통으로, 몸통에서 머리까지 가는 방법은 많다. 게다가 그 뱀이 성장해 용이 된다면 금상첨화다. 도전과 창의가 가져다 준 결과를 경험한 사람으로서 새로운 질서를 만드는 사람이 되라고 주저 없이 권한다. 그것이야말로 가장 빠른 성공의 길이자, 그 열매를 오랫동안 누릴 기회다.

자신만의 **콘텐츠**를 가진
아이로 **키워라**

 스타벅스 애호가들은 커피 한 잔 가격으로 4~7천 원대의 금액을 내면서도 전혀 비싸다고 생각하지 않는다. 커피 가격에는 단순히 원두나 기타 제반 비용 외에도 '스타벅스'라는 브랜드와 고급스러운 이미지에서 느끼는 만족감까지 포함되어 있다는 것을 알고 있기 때문이다. 스타벅스가 창출하는 유·무형의 문화 콘텐츠를 누리는 비용으로 주저 없이 내는 것이다. 이것은 비단 스타벅스에 국한된 이야기는 아니다.

 기업이든 개인이든 다른 곳과는 차별화하는 것, 즉 자신을 확실히 어필할 수 있는 콘텐츠 개발의 중요성이 날로 커지고 있다. 기업은 소비자의 기호를 분석하고, 기업의 특성을 살린 더욱 매력적인 브랜드로 더 많은 상품을 판매하고, 개인은 시대의 흐름을 정확히 파악하고 특화한 자신만의 능력을 개발해야 좀 더 나은 인재가 될 수 있다. 그렇다면 특화한 자신만의 능력은 어떻게 개발할 수 있을까?

 2007년 1월 『하루 만에 끝내는 경제학 노트』라는 책이 출간되었다. 이 책이 눈길을 끌었던 이유는 저자가 당시 한국외대부속외고 1학년생이던 16살의 양정환 학생이었기 때문이다.

한 고등학생이 쓴 경제학책을 주목하는 이유

 경제학이라는 학문은 전공 대학생은 물론 대학원생도 꽤 어려워하는 분야다. 그런데 고등학생이 경제학책을 직접 썼다는 것은 놀라운 일이 아닐 수 없다. 고등학생이 쓴 책이라고 얕보았다가는 큰 코다칠 수 있다. 그는 미시 경제를 공부하는 교내 경제학 동아리를 직접 만들고, 거기서 쌓은 지식 정보를 책으로 펴낼 정도의 실력자다. 『하루 만에 끝내는 경제학 노트』는 고등학생의 눈높이에 맞게 쓰였고, 기존의 책들보다 신신하고 독창적인 사례도 담고 있다. 그동안 경제학책들은 너무 어렵고, 그나마 청소년용으로 쓰인 책들도 용돈 관리 등 지나치게 실용 중심의 것들이 많아 경제학을 제대로 이해하기에 한계가 있었다고 한다. 그래서 아예 고등학생들이 쉽게 이해할 수 있는 미시 경제 책을 쓰기로 마음먹었다고 한다.

 혹시 이 학생이 공부만 할 줄 아는 '공부벌레'일 거라고 상상하는가. 2006년 외고에 수석 입학한 그는 학교 공부 외에 왕성한 자원 봉사는 물론 'Asian Debate Championship Tournament' 2위, 한국경제신문 주최 '한경 경제 체험 대회' 은상 수상에, 영국 '로얄 모의 유엔 대회'와 미국 보스턴 '모의 유엔 대회'까지 참가했다고 한다. 고등학교 1학년 때 미국 대학의 교양 과정을 미리 이수하는 AP Microeconomics·Macroeconomics·Chemistry 과목에서 모두 5.0 만점을 받았고, 미국 대학 진학 적성 검사인 SATⅡ

Mathematics·Chemistry도 800점 만점을 받았다. 고등학교 진학 전까지 사교육을 받지 않았음에도 중학교 때 이미 영어 실력으로 부산교육청 언어 영재 과정을 수료했고, '전국 중·고교 정보 올림피아드' 금상도 받은 바 있다. 그리고 2008년 스탠퍼드 대학교에 진학했다.

그가 펴낸 한 권의 책과 많은 경험은 대학 진학뿐 아니라 대학 생활과 이후 사회생활에도 좋은 에너지가 될 것이다. 어릴 때부터 자신의 콘텐츠와 브랜드를 만드는 방법까지 터득했으니 말이다. 그가 보여 줄 미래가 더욱 기대되는 이유다.

자신만의 콘텐츠만큼 매력적인 무기도 없다

전문 분야에 대해 짧은 글 한 편을 쓰는 것도 풍부한 이해가 필요하다. 당연히 한 권의 경제학책을 완성하기 위해서는 수많은 책을 읽고, 토론과 분석을 했을 것이다. 아마도 책에 담아낸 것보다 훨씬 더 많은 것을 자신의 지식으로 만들었으리라.

책이라는 콘텐츠를 만들어야 하는 이유 중 하나가 전문성을 심화하는 확실한 방법이기 때문이다. 자신의 콘텐츠를 만든다는 것은 자신의 가치를 높이는 데도 효과적이다. 아마도 이 학생은 부모의 영향을 많이 받았을 가능성이 크다.

그의 부모는 어떤 사람일까? 아버지는 공인회계사, 어머니는 경영학 석사로 경제학에 관한 관심은 어린 시절부터 자연스럽게 생겨났다고 볼 수 있다. 부모의 역할이자, 영향력은 이런 데서 결정적으로 발휘하는 것이다. 부모가 공부하는 모습을 보이고, 책을 읽고 경제와 경영에 관한 이야기를 자연스럽게 주고받는 일상에서 아이의 미래 목표가 싹을 틔웠으니 말이다.

원래 가르치는 사람이 배우는 사람보다 더 많이 배운다고 하지 않던가. 남을 위해 지식 정보를 공유하는 것이지만, 자신도 그 과정에서 더 많은 것을 깨우치고 확실하게 이해한다는 뜻이다. 양징환 학생은 아마 책을 쓰면서 훨씬 많은 공부와 이해를 했을 것이다. 입시를 위한 교육 시스템 안에만 안주하고 그의 부모가 주입식 교육으로만 그를 키웠다면, 이런 결과는 애초에 기대하기 어려웠다. 자신만의 콘텐츠를 만드는 것, 이것이야말로 미래지향적인 인재가 갖추어야 할 가장 결정적 자질이다.

하버드대 졸업생이 밝히는 성공의 진짜 비결은?

명문대를 나온다는 것은 성공에 더욱 유리한 조건일 수 있다. 그래서 세계 최고의 명문대를 졸업한 사람 중에는 상대적으로 성공한 사람들도 더 많다. 그렇다면 과연 명문대 출신 리더들이 꼽는 대표적인 성공 요인은 무엇일까?

하버드 졸업생 중 사회 리더로 활동하는 인사들을 상대로 성공의 가장 큰 요인을 물어본 결과, 가장 많은 응답자가 다름 아닌 '글 쓰는 능력'을 꼽았다고 한다. 우리가 선입견을 갖고 있는 학력이나 인맥보다 글 쓰는 능력, 즉 자신만의 콘텐츠인 책이나 논문 등을 쓰는 능력이 성공에 훨씬 강력한 힘을 발휘했다고 생각하는 것이다. 콘텐츠는 곧 브랜드를 만드는 방법이기도 하다. 자신의 전문성을 담은 콘텐츠가 자신의 브랜드를 구축하기 때문이다. 이는 앞서 소개한 양정환 학생이 어린 나이에 이루어 낸 결과물이기도 하다.

공부만 강요하는 부모는 사실 무책임의 극치를 보여 준다. 자신을 경쟁자들과 차별화하면서 오랜 시간 사용할 수 있는 핵심 자질을 키우도록 하는 것이 부모의 역할이고, 늘 멀리 보고 중심을 잘 잡아야 하는데, 얄팍한 이야기에 쉽게 흔들리는 부모가 책을 쓰는 아이로 키울 수 있겠는가?

논리적으로 분석하고 전문화된 콘텐츠로 글을 쓴다는 것은 체계적인 교육 없이는 힘들다. 우리나라의 엉터리 글쓰기나 논술 사교육을 말하는 것이 아니다. 문학적 글쓰기나 문장을 다듬는 식의 수준이 아니라 지식 정보를 체계적으로 자신의 콘텐츠로 만드는 방법을 배워야 한다. 하버드를 비롯해 MIT, 스탠퍼드 등 대부분의 미국 명문대에서는 학생들에게 글쓰기 수업을 반드시 이수하게 하고 있다. 그동안 입시 논술에만 치중해 왔던 국내 주요 대학들도 글쓰기에 점점 많은 관심을 두고 있다.

미국 학계에서 유행하는 말이 있다. "Publish or Perish!" (책이나 논문을 쓰거나 아니면 짐을 싸던가). 이는 학계뿐 아니라 모든 영역에서 점점 더 강조할 경구다. 개인 브랜드가 중요해지는 시대, 자신의 전문성과 가치를 드러낼 콘텐츠가 그 중심에 자리할 것이기 때문이다. 당신의 아이는 글을 잘 쓸 수 있는 체계적인 교육을 받고 있는가. 아이에게 어떤 미래를 준비해 주고 싶은가?

영어를 잘하는 게 당신 생각만큼 **중요할까?**

　영어를 잘할 필요가 없다는 것이 아니다. 영어만 잘한다고 글로벌 인재가 된다는 착각에서 벗어나야 한다는 의미다. 우리나라 사교육에서 영어는 상당한 영역을 차지하고 있다. 초등학교 입학 전부터 대학을 졸업한 이후에도 사람들은 영어 배우기에 열중한다. 아이러니한 것은 이렇게 오랜 기간, 적지 않은 비용을 투자하는데도 막상 길에서 외국인을 만나면 '꿀 먹은 벙어리'가 된다. 죽은 영어에 언제까지 목을 맬 것인가. 미국에 사는 백수나 거지도 영어는 잘하는데 왜 글로벌 인재가 되지 못하는지 생각해 보아야 한다.

세상을 제대로 살아가기 위해서는 영어보다 중요한 것도 얼마든지 있다. 당신과 아이가 영어 배우기에 열중하는 사이 이것을 놓치고 있는 것은 아닌지 점검해야 한다. 통역기가 상용화될 미래에 영어 문법이나 회화는 더는 아무 의미 없을 수 있다.

사회적 상호 작용과 소통 능력은 영어만 잘한다고 되는게 아니다

한국청소년정책연구원이 수행한 '청소년기 핵심 역량 국제 비교' 결과에 따르면 우리나라 청소년의 지적 도구 활용 역량은 아주 뛰어난 것으로 나타났다. 비교 대상 OECD 26개 국가 중 언어적 소양 1위, 수학적 소양 2위를 기록하는 등 종합 2위를 차지했다. 하지만 사회적 상호 작용 역량은 비교 대상 22개 국가 가운데 종합 21위로 최하위권이었고, 자율적 행동 역량은 18개 국가 중 종합 7위로 중간 수준에 머물렀다. 우리 청소년들의 미래 사회 핵심 역량 불균형이 심각하다는 이야기다.

『2010 OECD 보고서』를 보면 미래 사회에 필요한 핵심 역량은 영어 능력이 아니라 스스로 생활하는 능력, 다양한 사람들 속에 섞여서 소통하는 능력 등이다. '지적 도구 활용 Use tools interactively', '사회적 상호 작용 Interact in heterogeneous groups', '자율적 행동 Act autonomously'은 OECD 교육국 DeSeCo가 정의한 미래 사회에 개인이 반드시 갖추어야 할 세 가지 핵심 역량에 포함된다. 여기서 '사회적 상호 작용'은 다른 사람과 원만한 관계를 맺고 협력할 수 있는 역량, '자율적 행동'은 권리와 이익의 한계를 알고 요구할 수 있는 역량을 의미하는데, 이런 능력들이 말만 통한다고 되는 것은 아니다.

아이를 한국인으로만 자라게 하지 마라

그렇다고 이민을 하라는 의미가 아니다. 대한민국이라는 공간에만 아이를 머물게 하지 말아야 한다는 뜻이다. 당신의 아이가 실 미래는 우리나라에만 국한하지 않는다. 지금도 '지구촌'이라는 말이 있을 정도로 각 국가가 밀접한 관계를 이루고 있지만, 미래는 정치·경제만이 아니라 아이의 일상까지 세계 속에서 이루어질 것이다. "그래서 영어 공부가 더 중요한 것 아니냐"고 반문할 수 있다. 물론 글로벌해진다는 것은 영어를 잘하는 것도 포함할 수 있다. 하지만 영어를 잘한다고 글로벌해지는 것은 아니다.

서로 말이 통한다는 것은 생각이 통한다는 것이다. 결국 말은 생각을 이해하기 위한 도구에 불과한데, 도구에 목숨 걸다 진짜 경쟁력은 놓쳐 버릴 수 있다는 것을 많은 엄마가 모르고 있다. 말을 할 줄 안다는 것보다 어떤 내용을 말했는가가 중요하다. 2020년 정도면 음성 인식 기술과 자동 통·번역 기술이 급격한 진화를 이루게 된다. 누구나 자기 언어로 말하면 상대방은 실시간으로 알아들을 수 있다. 내가 한국어로 말해도 그 자리에 있는 미국인에게는 영어로 들리고, 일본인에게는 일본어로 들린다. 물론 모두의 귀에는 자동 통·번역을 지원하는 리시버가 꽂혀 있다. 그러니 목숨 걸고 영어 공부에 매달릴 필요는 없다. 기술이 언어 장벽을 무너뜨리는 시대가 오고 있다.

그동안 구글은 자동 통·번역에 공을 들였고, 이는 애플도 마찬가지다. 애플 아이폰 4S에 있는 Siri는 본격적인 자동 통역이자 음성 검색 시대의 시작을 알렸다. 이제 스마트 미디어를 가운데 두고 말하면, 상대의 언어가 내가 쓰는 언어로 변환되어 전달된다. 언어 장벽은 생각보다 빨리 무너질 것이다. 이제 인류가 실시간으로 세계 누구와도 원활한 소통을 할 수 있는 능력을 선사 받을 날이 머지않았다. 아직도 당신은 비용과 시간을 투자해 우리 아이에게 영어를 가르쳐야 한다고 주장할 것인가. 언어를 배우는 것은 다른 나라의 역사를 공부하는 것처럼 지적 호기심을 만족하기 위한 수단이 될 것이다. 더는 다국어를 하는 능력자를 부러워할 일이 없어지고, 모두 같은 의사 소통 능력을 보유하는 것이 현실로 다가오고 있다.

영어가 보편화 되고, 기술이 언어 장벽까지 없애는 2020년 이후에는 영어에 대한 스트레스나 콤플렉스를 가진 사람들이 사라질 전망이다. 오히려 아이를 위한다면 영어에 몰두할 에너지를 새로운 글로벌 스탠다드를 익히는 데 쏟아 부어야 한다. 언어는 기술로 해결할 수 있지만 창의력은 사람만의 영역 아닌가.

우리가 전 세계 모든 사람과 실시간으로 언어가 통한다면 단지 말이 통하는 것 이상의 특별한 일이 생기지 않을까. 그동안 언어 소통을 위해 외국어 학습에 투여했던 시간과 노력, 비용 등을 더 창조적인 곳에 투여할 수 있을 것이다. 언어권별 교류는 보편적으로 확산하고, 외국여행이나 국제결혼의 확대, 국가 간 교류도 더욱 쉬워진다. 세계 정부가 등장할 지도 모를 일이다. 얼마나 파격적인 상황이자 엄청난 비즈니스 기회인가. 그런데도 언어 능력에만 초점을 맞춘다는 것이 얼마나 어리석은 일인가.

존댓말을 버리고 반말을 쓰게 하라

버릇없는 아이로 만들자는 것이 아니다. 적어도 존댓말을 쓰면서 이기적인 아이로 키우지는 말자는 의미다. 식당이나 공연장 등 공공장소에서 보면 공공 예절은커녕 사람들에게 안하무인 함부로 하는 행동을 방치하는 부모가 많다. 그러면서도 집에서는 꼬박꼬박 존댓말을 쓰게 하는 것이 무슨 의미가 있을까. 사람에 대한 배려가 없는 인재를 환영하는 곳은 어디에도 없다.

존중 없는 존댓말이 왜 필요한가?

존댓말은 쓰지만, 상대에 대한 배려나 존중이 없는 사람을 예의 바르다고 할 수 있을까? 예의는 지식이 아니다. 어기면 반드시 벌을 받아야 하는 범죄도 아니다. 인간에 대한 진심 어린 애정과 배려, 존중이 있을 때 저절로 우러나오는 것이다. 유교의 영향을 많이 받은 우리나라는 예의를 형식에만 국한하는 경우가 많다.

존댓말 자체가 없는 영어 문화권을 보면 예의는 단지 형식일 뿐이라는 생각이 든다. 존댓말이 없다고(사실 그들도 상대를 높여주거나 존대하는 표현은 있다. 우리처럼 기계적으로 존대와 하대를 구분하지 않을 뿐이다.) 그들이 예의도, 버릇도 없는 사람들이 아니다. 누구보다 매너와 약자에 대한 배려를 중요하게 생각한다. 나이 들었다고 무조건 존대하고 대접하는 것이 아니라 나이와 인종, 성별에 상관없이 사회적 약자를 배려하는 모습은 오히려 우리가 더 배워야 할 가치다. 우리 아이에게 형식적인 존댓말을 강요하기보다 상대방을 존중하고, 약자를 배려하는 마음 씀씀이를 가르치는 것이 진짜 교육 아닐까.

예절 교육은 윗사람과 아랫사람의 높낮이를 가르치는 것이 아니라 일상에서의 에티켓, 사람에 대한 보편적 배려와 애정을 알게 하는 것으로 변해야 한다. 영국 BBC는 전 세계 어디라도 재난이나 재해가 생기면 가장 먼저 달려가는 것은 물론 취재에 많은 인력과 투자를 하는 것으로 유명하다. 자국 내 뉴스보다 세계의 재난과 재해를 우선 다루는데도 영국인들은 남의 일이라고 무심한 것이 아니라 자기 일처럼 관심을 두고 지켜본다. 이런 보도 태도에 익숙해서인지 불만 같은 것도 없다. 자국 매체이자 동시에 세계 매체라고 생각한다. 재해와 재난 등 어려운 상황에 관심을 두고, 그들을 돕도록 세계인의 관심을 이끌어내는 데 투자하는 BBC. 이것이야말로 미래에 필요한 글로벌 예의다.

우리는 부모, 가족, 친인척, 상사 등 직접 연결된 사람을 대하는 예의는 중요하게 생각하지만 보편적인 인간에 대한 예의와 배려는 부족한 편이다. 사람 많은 명동이나 강남역의 복잡한 길을 지나다 보면 간혹 어깨를 부딪치거나 남의 신발을 밟았을 때 사과는커녕 슬쩍 고개만 꾸벅하고 지나가는 사람도 있고, 먼저 문을 열고 지나가면서 바로 뒤에 따라오는 사람을 위해 유리문을 살짝 잡아주는 이들도 거의 없다.

그런데 유럽이나 미국 등 서구 선진국은 문을 잡아주지 않는 사람을 보기 어려울 정도다. 영어에는 존댓말이 없고 반말만 있다고 그들을 예의 없고 버르장머리 없는 문화라고 깎아내리는 이들도 있지만, 그들이 보여 주는 인간에 대한 배려는 절대 우리보다 못하지 않다. 립서비스도 그렇다. 영미권에서는 상대가 마음을 다칠 수 있는 말은 잘 하지 않는다. 칭찬과 격려 일색이다. 그것을 입에 침 바른 소리라고 할 수 있지만, 그들의 언어 속에는 언제나 상대에 대한 배려가 기본으로 깔렸다. 우리는 귀에 거슬리는 말이 몸에 좋다며 거침없이 비판하고 칭찬에는 인색하다. 비판을 듣고 기분 좋을 사람 없고, 칭찬을 듣고 기분 나쁠 사람 없다. 우리 문화가 무조건 잘 못되었거나 문제 있다는 것이 아니라, 스스로 예의 바른 나라임을 지나치게 자부한다는 것이 문제다. 인간 자체에 대한 존중과 배려가 없는 반쪽짜리 예절을 애써 강조할 필요가 있을까.

동방예의지국이 정말 자랑할 만한 일인가?

우리나라는 동방예의지국이라는 말을 자랑삼아 이야기하고, 내세울 만한 전통이자 문화로 높이 산다. 하지만 사실 동방예의지국이라는 말은 2300년 전 중국에서 비롯되었다. 공자의 7대손 공빈孔斌이 우리나라에 관한 이야기를 모아서 쓴 『동이열전東夷列傳』을 기원으로 볼 수 있는데, 우리나라를 공자도 살고 싶어 했던 나라로 표현했다는 일화도 담고 있다. 이 책은 효심이 깊고, 남녀가 유별하며, 남의 나라를 침범하지 않는 우리나라 문화를 언급하며 동방예의지국이라 칭했다. 그런데 이 말의 숨겨진 의미를 가만 보면 중국의 유교를 잘 따르고, 고분고분한 나라이기 때문에 예의 바른 나라라는 점을 내포하고 있다. 이는 8세기경 일본이 중국에 국가 대 국가로 동등한 외교 자세를 취하자 괘씸해하며 제재를 가하고, 공손한 태도를 보이자 '예의지국'이라는 표현을 쓴 것에도 드러난다. 결국 중국이 말하는 예의 바른 나라는 우리 생각처럼 좋은 의미가 아니다.

우리가 신봉하는 예절은 다소 이기적이고, 보수적인 면이 있다. 일종의 집단주의라고 할 수 있는데, 우선 나이에 따른 위계질서를 중시한다. 또한 자신과 연결된 사람, 눈앞에 있는 사람에 대한 예의를 중시하는 경우가 많다. 우리나라 사람들의 예의에 대한 이중성은 흑인이니 동남아인에게는 인색하면서, 백인에게는 아주 관대한 인종차별에서도 확인할 수 있다. 특히 영어를 사용하는 백인이면 더 친절하다. 빈부차별도 심하다. 부자에게는 더 조심스러워 하며 예의를 차리고, 가난한 사람에 대해서는 배려가 부족하다. 강자에게 약하고 약자에게 강한 것이 예의일까?

친인척 중 가장 높은 사람은 촌수로 결정한다. 직계 가족에서는 나이로 결정하지만, 직계를 벗어나면 나이 어린 삼촌을 만나기도 하고 반대로 나이 많은 조카를 만나기도 한다. 촌수와 나이가 결합한 위계 구조다. 회사에서 가장 높은 사람은 지위로 결정한다. 사회에서는 나이보다 직위, 직급이 우선한다. 회사에서는 나이가 어려도 상사라면 존대를 하고, 나이가 많아도 아랫사람이면 하대를 하는 경우도 많다. 일하다가 만난 고객이나 사업 파트너도, 우리나라 남자들은 술자리를 하다 보면 자연스럽게 나이로 위아래를 따지려는 경우가 많다. 술 마시고 형, 동생 하며 나이가 많고 적음으로 줄 세우려고 한다.

학교에서 가장 높은 사람은 학번으로 결정한다. 물론 암묵적으로 나이를 고려하기는 하지만, 그래도 선후배 관계는 나이가 아닌 학번이다. 학번도 나이와 비슷한 속성이 있다. 먼저 들어오거나 먼저 태어나거나, 단지 먼저라는 이유로 지위를 보장받는다.

존댓말을 버린다고 버릇없는 사회가 될까?

만약 존댓말이나 촌수, 지위, 나이, 학번을 따지는 문화가 사라지면 어떻게 될까? 어떤 관계든지 동등 선상에서 출발할 수 있다. 사실 인간은 평등한데 우리가 규정지은 예의가 이를 가로막았다. 모든 관계가 동등한 상태에서 시작한다면 형식적 예의나 위계 구조에서 탈피해 사회 전반의 평등 수준이 높아지고, 소통도 원활해진다. 실제로 기업에서는 직위나 직급을 파괴하고, 호칭도 서로 '님'자만 붙이고 동등하게 쓰는 경우도 많다.

요즘 기업에서 관심을 두는 것 중 하나가 리버스 멘토링Reverse Mentoring이다. 기업에서 선배가 후배를 가르치는 것을 멘토링이라 한다면, 후배가 선배를 가르치는 것을 리버스 멘토링이라고 한다. 신입이자 후배일수록 새로운 트렌드에 밝고 타성에 젖지 않은 면을 장점으로 보고 새로운 아이디어나 자유로운 생각을 선배들과 공유하는 것이다. 상당수 기업에서는 신세대 직원이 멘토가 되어 경영진에게 신기술이나 새로운 트렌드를 전수하기도 한다. 선배가 우위에 있는 분야에서는 선배가 후배에게 멘토링을 하고, 후배가 경쟁력을 가진 분야에서는 후배가 선배에게 리버스 멘토링을 하는 쌍방향 소통 문화가 보편화 되고 있다.

존댓말을 버리는 것은 기성세대나 나이가 많은 사람들이 가지는 권위로부터 주눅 들지 않음을 의미한다. 형식적인 예의를 생각하면 존댓말이 중요하나, 소통에는 장애가 된다. 수평적이면서 상호 독립적인 인간관계를 위해서는 존댓말부터 없애야 한다. 산업 사회에서는 위계 구조가 중요했기 때문에 존댓말을 가진 것도 경쟁력이었지만, 창조적 첨단 기술이 중요한 시대에서는 오히려 반말이 더 경쟁력이다. 격 없이, 제약 없이 소신껏 주장하고 토론하고 싸우면서 보완하고 진화하는 것이 더 유리하다. 이는 곧 창조적 혁신 에너지로 작용할 것이고, 사회의 민주화에도 이바지한다.

반드시 형식적이기 때문에 존댓말을 사용하지 말자는 것이 아니다. 아이들이 살게 될 미래에 과연 우리나라에서 우리나라 사람들과 우리말로만 소통할까? 정말 영어가 보편화한다면 과연 존댓말이 의미 있을까. 어찌 보면 존댓말을 쓰지 않는 것은 글로벌 소통을 위한 표준에 다가가는 셈이다. 형식적인 존대를 하지 않는 대신, 인간적인 배려와 마음에서 우러나오는 진짜 예의가 필요하다.

정해진 규칙이 있으니 따르는 것과 우러나오는 배려심으로 사람을 대하는 것은 다르다. 전 세계 어느 나라, 어느 직장이든지 예의 있는 사람이 대접받고 호감을 사는 것은 당연하다. 우리 아이에게 우리나라에서만 통하는 반쪽짜리 예의가 아니라 진짜 매너를 가르쳐야 한다. 이런 것을 인성이라고 한다.

이제는 형식이나 과거의 관성에서 벗어나야 한다. 엄마의 소신과 확신, 과감한 결단력이 무엇보다 필요하다. 여전히 이런저런 이야기에 현혹되어 당신을 속이려는 이해관계 당사자들에게 휘둘리며, 아이의 미래를 우울하게 만들고 있는 것은 아닌지 생각해 볼 때다. 자식 망치려는 엄마는 없겠지만, 의도하지 않게 제일 가까이에서 가장 쉽게 망칠 수도 있는 것이 바로 엄마이고, 부모다. 당신은 지금 어떤 부모가 되고 있는가?

하이테크가 중심인 미래, 기술은 **상식**이다

요즘은 명사들 사이에서도 프로그래밍이나 코딩을 배우는 것이 유행이다. 자격증을 따거나 직업을 가지기 위해서가 아니라 프로그래밍과 코딩이 상식이 되고 있기 때문이다. 출세할 만큼 출세하고, 나이도 먹을 만큼 먹었다는 루돌프 줄리아니 전 뉴욕 시장이 코딩을 배운다는 이야기는 놀랄 일도 아니다. 시대의 상식에 민감하다는 것은 첨단 기술 능력을 갖추는 것이다.

과거에는 컴퓨터를 잘 다루는 것도 대단한 능력이었다. 1990년대까지만 해도 일반인에게 컴퓨터는 친숙하지 않은 기계였다. 컴퓨터를 조립하거나 소프트웨어를 설치하는 것을 전문적인 일이라 여겼고, 그것으로 먹고 살았던 사람도 많았다. 지금은 누구나 할 수 있는 일들이 한때는 누군가의 밥벌이였다. 이제는 소프트웨어를 직접 만드는 시대다. 스마트폰의 애플리케이션을 만드는 중학생이 있고, 누구나 쉽게 다룰 수 있는 편집·디자인 툴도 많다. 컴퓨터나 스마트 기기는 없어서는 안 되는 필수 도구다.

기본은 바로 상식을 의미한다. 상식은 큰 변화를 겪었고, 앞으로도 빠르게 변화할 것이다. 아이들이 하이테크에 대한 소양을 갖추는 것은 이래서 더 중요하다. 새로운 기술이 나오면 먼저 써보게 하고, 맹목적인 기술 의존에 빠지지 않게 해야 한다. 미래지향적인 엄마가 되기 위한 기본 소양이다.

제대로 아는 것과 겉만 아는 것은 하늘과 땅 차이

적어도 부모라면 앞으로 스마트 기기로 인간의 삶이 어디까지 진화할지 이해해야 한다. 단지 전화기가 새롭게 나오는 수준이 아닐 것이다. 이미 인류는 새로운 초능력자라 할 수 있는 증강인류로 진화하고 있다. 스마트폰은 우리의 능력 이상을 발휘할 수 있도록 한다. 처음 가는 곳이라 해도 지도나 내비게이션 애플리케이션을 이용하면 마치 그 지역 토박이처럼 길을 잘 찾을 수 있고, 외국어를 잘 몰라도 스마트폰의 외국어 사전이나 통·번역 애플리케이션을 통해 외국인과의 소통이 가능해진다. 어디에 있어도 자유롭게 돌아다니고, 필요한 생활을 누릴 수 있다. 인류가 할 수 있는 수많은 역할을 스마트 기기의 도움을 받아 구현하는 시대가 왔다. 이른바 증강인류라는 말이 나온 것도 스마트폰의 애플리케이션 활용 능력 덕분이다. 굳이 머리에 담아두지 않은 것도 다양한 애플리케이션의 도움을 받아 손쉽게 슈퍼 인간이 될 수 있다.

이런 경험을 누려본 사람이라면 스마트폰이 주는 매력에서 헤어나기는 쉽지 않다. 과거 인터넷에만 의존하던 시대에는 컴퓨터를 켜고 검색 엔진에서 모르던 것을 묻고 답을 알아냈다면, 이제 스마트폰은 장소와 상황에 구애받지 않고 모든 일상의 궁금증이나 필요성을 해결할 수 있다. 애플리케이션이 실시간으로 탑재되어 우리의 능력을 발휘하게 하니 적재적소에 활용하기만 하면 된다. 날아다니는 것만 못할 뿐 슈퍼 능력자들과 비교해도 부족할 게 없지 않은가. 이런 놀라운 경험을 구현해 준 스마트폰과 애플리케이션은 더 많은 스마트폰 의존자, 중독자를 양산해 낼 수밖에 없다. 그만큼 매력적이고 즐거우니까. 물론 우리 모두 증강인류가 되는 것이기에 이제는 더 새로운 경쟁구도와 차별이 요구될 수밖에 없다. 이미 개발된 스마트 미디어와 애플리케이션 이상의 창조적인 역할에 대한 중요성은 더욱 커질 것이다.

증강인류의 진화, 놀랍고도 흥미로운 미래

증강인류는 스마트 기기 단말기로만 구현되지 않는다. 첨단 하이테크는 진짜 초능력자를 만들어 내고 있다. 이제 스포츠는 육체 능력만으로 하는 것이 아니다. 올림픽은 어느덧 첨단 과학 기술의 경연장이 되어버린 지 오래다. 육상이나 수영 등 기록 경기에 어떤 신발을 신고, 어떤 수영복을 입느냐는 중요한 요소가 되었다. 경기력을 향상 시켜주는 첨단 기술은 스포츠에도 증강인류를 만들어 냈다.

웨어러블 테크wearable tech도 앞으로 주목해야 할 대상이다. 스마트 미디어에 의한 소프트웨어적인 능력 증강을 1차적인 것으로 봤다면, 하드웨어적이자 육체적인 능력 증강을 2차로 볼 수 있다. 1차적인 증강인류가 현재의 이야기라면, 2차적인 증강인류는 머지않은 미래에 누리게 될 것이다.

영화 〈아이언맨〉을 떠올려 보자. 로봇 슈트만 입으면 힘도 세지고 날아다니기도 한다. 물론 아이언맨의 로봇 슈트까지는 아직 멀었더라도, 신체 능력을 보완하는 웨어러블 로봇은 이미 존재한다. 미국 버클리 바이오닉스에서 제작한 3세대 근력 강화용 시스템인 HULC Human Universal Load Carrier를 착용하면 보통 체력을 가진 사람도 90kg의 짐을 가볍게 나를 수 있다. 일본 사이버다인 Cyberdyne이 의료용으로 만든 웨어러블 로봇인 HAL은 신체장애를 가진 사람도 정상인 이상으로 힘을 가진 로봇 팔과 다리를 가지게 했다. HAL은 고령자나 척추 장애인, 소아마비 장애인 등 팔다리를 잘 사용할 수 없는 사람들이 걷고, 물건을 들 수 있게 만들었다. 그래도 아직 낯설고, 먼 미래처럼 느껴지는가. 2020년이면 충분히 일상이 될 일들이다.

IT얼리어답터에게 주어지는 수많은 기회

한국은 IT 분야 얼리어답터가 제일 많은 나라다. 원래 얼리어답터는 초기 사용자로, 도전적이고 모험적인 소비 경향에 남들보다 먼저 쓴다는 자부심도 느끼는 소수 소비자였다. 그런데 이제는 얼리어답터로부터 얼리메이저리티(초기 대중 소비자)까지의 경계가 모호해지고 있다. 특히 우리나라는 IT 제품에 대해서 만큼은 전 세계에서 인구 대비 얼리어답터라 할 수 있는 비율이 가장 높은 나라다. 특히 스마트폰 확산 속도는 가히 세계적인데, 확산 속도만 빠른 게 아니라 적극 소비자라는 점도 돋보인다. 먼저 쓰는 얼리어답터로 그치지 않고 문제나 오류에 대해 적극적으로 문제를 제기하고 개선까지 요구하고 있다. 이 때문에 전 세계 IT 기업들은 한국을 흥미로운 테스트 베드로 인식하고 있을 정도다. 그래서 신제품을 우리나라에서 먼저 출시해 사용자 필드 테스트를 하는 경우도 꽤 있다.

얼리어답터는 단지 먼저 소비하는 사람에서 그치지 않고, 먼저 기회를 잡는 자다. IT 분야에 얼리어답터는 계속 늘고 있다. 더 많은 기회가 포진한 곳인데다, 얼리어답터가 기회를 잡는 사례를 수없이 보아왔기 때문이다. IT 신제품은 먼저 가졌다는 의미 이상으로, 먼저 문화를 누릴 수 있는 더 많은 기회가 있다는 의미다. 스마트폰을 먼저 쓰거나 SNS를 먼저 이용한 얼리어답터일 경우 더 많은 비즈니스 기회나 사회적 기회를 가질 수 있다. 덕분에 '소셜'이라는 이름이 들어간 연구소나 전문가도 많아졌다. 과거에 컴퓨터나 인터넷을 먼저 누린 이들이 관련 전문가로 나서서 다양한 기회를 잡았던 것을 재현하듯 말이다. 아마추어지만 마니아인 이들이 순식간에 프로와 아마추어의 경계에서 프로로 진화하는 경우다. 실제로 이들이 전문가를 자처하며 기업에 자문하거나, 강의를 하거나, 책을 쓰거나 관련 분야의 창업을 하는 경우도 있다. 그렇게 해서 만들어진 벤처 기업도 셀 수 없이 많다.

단순히 신기술이나 신제품을 먼저 소비하는 것을 넘어서 새로운 비즈니스 기회이자 새로운 트렌드로 앞설 기회이기에, 사람들은 새것을 소비하는 데 더 관심을 둔다. 한번 뒤처지면 따라잡기 어려운 게 IT 분야의 제품과 서비스이기에 하이테크에 대한 소비와 소양은 필수다.

지금도 첨단 전자 기술이 전체 산업과 사회에서 아주 중요한 위치를 차지하고 있는데, 앞으로는 훨씬 더 할 것이다. 첨단 전자 기술에 대한 이해와 활용 수준은 아주 높아지고, 새로운 경쟁력의 희비가 엇갈릴 수 있다.

부모의 경제력이나 학력 수준이 아이의 명문대 진학률을 결정하는 시대에서, 이제는 부모의 경제력과 식견이 아이의 첨단 전자 기술에 대한 활용 능력을 가늠하는 시대가 되었다. 기술이 상식이 되어야 그 다음 단계의 능력에 더욱 집중할 수 있다. 영어가 상식이던 시대가 과거에서 현재까지 이어져 왔다면, 이제는 기술이 상식인 시대를 맞이하고 있다.

유대인이 노벨상을 **독식**하는 **이유**에 **답**이 있다

우리나라 부모들은 아이가 학교에서 돌아오면 '학교에서 뭘 배웠니?'를 가장 먼저 묻는데, 유대인 부모는 '오늘 학교에서 무슨 질문을 했니?'를 먼저 묻는다고 한다. 우리나라 부모들은 아이의 호기심이나 궁금증보다 선생님에게 배운 학습 내용을 더 중요시한다. 주입식 교육의 결과물인데, 이러면 아이는 수동적인 배움에만 익숙해진다. 왜 배워야 하는지, 왜 알아야 하는지 모른 채 '배워야 하기 때문에 배우는' 상태가 된다. 이게 뭐가 그리 문제냐고 하겠지만, 아이가 질문 없이 배우기만 하는 것은 창의력을 좀 먹는 길이다. 호기심 없는 아이에게서 무슨 창의력이 나올 수 있겠는가.

유대인에 비해 한국인은 무엇이 부족한 것일까?

노벨상을 받은 사람 중 유대인의 비율은 22% 정도로, 세계에서 가장 높은 비율을 차지하는 민족이다. 전 세계 인구에서 유대인의 비율이 0.2%에 불과한 것을 고려하면 굉장히 높은 수치다. 특히 과학과 경제학 분야의 노벨상이 1/3을 넘는다. 노벨상은 혁신적인 창조자들의 몫이다. 당연히 창의력이 높은 사람에게 돌아간다. 사실 똑똑하기로는 한국인도 유대인 못지않다. 그런데 왜 한국인의 인구가 유대인보다 몇 배 더 많은데도 아직 노벨 평화상 한번을 제외하고는 받지 못한 걸까. 결론부터 말하자면 학습 능력은 뛰어난데 창조 능력이 부족하다. 이미 누가 만들어 놓은 것은 잘 배우고 따라 하지만, 새로운 창조와 혁신은 늘 아쉽다.

유대인은 가장 창의적인 민족이다. 그들이 창의적인 뇌를 가져서가 아니라 창의적으로 자랐기 때문이다. 유대인의 풍부한 창의력 밑바탕에는 질문하는 습관이 길들어 있는 문화가 깔렸다. 모르는 것을 모른다고 하고, 궁금한 것은 질문해서 알아가는 사람은 그렇지 않은 사람에 비해 더 많은 것을 이룰 수 있다. 유대인의 교육에서도 가장 중요한 것이 질문이다. 서로 질문하고 토론하는 것이 그들의 전통적인 교육법이다.

질문이 답보다 더 중요하다

인류는 끊임없는 질문을 통해 호기심을 해결하는 방법을 찾았다. 찾은 답에 다시 궁금증을 더하고, 다시 그 궁금증에 대한 답을 찾을수록 더 좋은 답이 나온다. 결국 질문이 창조의 시작이 되는 셈이다. 아인슈타인의 특수 상대성 이론은 '거울을 들고 빛의 속도보다 빠르게 운동한다면 거울에 비치는 상은 어떻게 될까?'라는 창의적인 의문에서 시작되었다. 스위스 칸톤 학교 학생이던 15세 학생이 풀기는 어려운 의문이었지만, 그 호기심이 이후 그의 학습과 연구를 이끄는 촉매가 되었고 결국 특수 상대성 이론을 완성하기에 이른다. 질문이 있으면 반드시 답이 있기 마련임을 몸소 보여 주었고, 질문이 창조의 원동력임을 입증했다. 질문을 찾으면 답을 찾기는 상대적으로 쉽다. 우리가 정말 모르는 것은 대개 질문을 몰라서 답 자체를 알 수 없는 것들이 많다.

질문만큼 매력적인 창의력 향상 방법도 없다. 플라톤과 소크라테스는 질문을 지혜를 심화하는 열쇠로 여겼고, 레오나르도 다빈치는 "유능한 사람에게 알고자 하는 욕망은 자연스러운 것이다"고 했다. 호기심은 창의적인 사람이 더욱 왕성하다. 창의적인 사람이 되고 싶다면 더 많은 호기심을 가지고 더 많이 질문해라. 창의성과 호기심은 분명 질문과 큰 연관 관계가 있다.

심리학자 베스 앨토퍼는 "질문은 반드시 생각을 자극한다. 사생활이나 개인적인 이유를 제외하고 어떤 질문에 대답하기를 망설이는 이유는 일반적으로 생각이 복잡하기 때문이다"고 했다. 스스로 질문을 많이 던지는 것은 생각 근육을 발달시키는 데 좋은 방법이다. 생각하는 것도 습관이다. 생각하는 습관이 익숙해지면 아무리 복잡한 생각이라도 머리 아프지 않고 즐겁게 할 수 있다. 질문은 그동안 쓰지 않아 녹이 슬어 있는 머리를 깨우기에 가장 좋은 도구다.

질문하는 아이로 키우는 것은 중요하다. 무엇이든 아이에게 답을 찾아주지 말고 질문을 하고 그 답을 생각하게 해야 한다. 질문

없는 아이는 호기심도 없고, 당연히 창조력도 있을 리 없다. 과묵한 아이로 키우는 부모는 아이의 창의력을 빼앗는 부모다. 가끔 궁금해하는 자녀에게 '쓸데없는 질문 하지 마'라고 말하는 부모들이 있다. '넌 궁금한 게 많아서 먹고 싶은 것도 많겠다'며 비아냥거리기도 한다. 작가인 플로렌스 호위 홀은 "아이들이 질문 한다고 나무라는 것은 잘못이다. 그것은 숨을 쉬거나 생각을 한다고 나무라는 것이나 마찬가지다"라고 했다. 어린 시절에는 세상 모든 것이 마냥 새롭고 신기할 때다. 호기심도 많고 엉뚱한 질문도 많이 한다. 그게 당연하고 그런 과정을 거치면서 아이의 뇌와 창의력도 진화한다. 그런데 그걸 막는다면 어떻겠는가? 질문하는 습관은 어릴 때부터 왕성하게 익혀야 하고, 그래야만 창의적 성과를 거둘 수 있다. 세 살 버릇 여든까지 간다고 했다. 세 살 질문 습관이 평생 당신 아이의 창의력을 지배한다.

다섯 번 '왜'를 외쳐라

우리는 무엇이든지 '왜'라고 묻기보다 그냥 받아들이는 데 익숙하다. 그렇다고 한번에 모두 이해해서 호기심이 없는 게 아니다. 궁금한 것이 있어도 질문하는 습관에 길들지 않았기 때문에 호기심을 잊는 것이다. '어떻게?'보다 '왜?'라는 질문을 더 많이 해야 한다. '어떻게'는 방법에 관한 문제로 실용적이고 방법론적이지만, '왜'는 본질적이고 고차원적인 질문으로 많은 의미를 담고 있다. 물론 '어떻게'나 '왜' 모두 중요하다. 다만 '어떻게' 보다 '왜'가 사고를 더욱 풍부하게 한다.

도요타 자동차에서는 문제 해결에 앞서 다섯 번 '왜'라고 묻는다고 한다. 보통 문제에 대한 의구심을 한두 번 가지다 마는데, 그러면 문제의 깊은 곳까지 들여다보지 못하고 중간에서 대충 답을 내리거나 포기하는 경우가 생긴다. 다섯 번의 질문은 같은 질문의 반복이 아니라, 점점 심화해가는 질문으로 앞선 질문의 답에서 다시 다음 질문이 연결된다. 숨겨진 답을 찾거나 이면을 통찰하는 데도 이런 질문은 유용하다.

삼성의 이건희 회장도 다섯 번에 걸쳐 '왜'라고 묻는 것을 사물의 본질을 파악하는 수단으로 활용하고 있다고 한다. 이를 순차적 탐색 방법이라고 하는데, 더 정확한 답을 찾아내 문제를 해결하도록 한다. 다섯 번 정도 '왜'라고 물으면 웬만한 문제는 본질을 파악할 수 있다. 로드아일랜드디자인 학교의 존 마에다 총장은 창조 기업이 되기 위한 조건으로 "끊임없이 '왜'라고 물으라"고 했다. 끊임없이 묻지 못한다면 적어도 다섯 번이라도 '왜'라고 물어보자. 적어도 우리 아이에게 '왜'를 인색하게 키우지는 말자.

아이의 **창의력**을 위해
엄마가 할 일은 무엇일까?

프랑스의 교육자 닐 포스트먼은 "어린이들은 물음표로 입학해 마침표로 졸업한다"며, 공식 제도 교육을 통해 창의적인 인재가 태어날 가능성은 극히 희박하다고 했다. 창의력 향상은 학교가 아닌 가정의 몫이다. 엄마가 아이 창의력의 열쇠를 쥐고 있다. 그렇다고 창의력 교육 교재를 사주거나 학원을 보내라는 말이 아니다. 창의력을 매뉴얼에 따라 교육한다는 발상부터가 문제다.

장 폴 사르트르는 창의적인 대가 열 명 중 다섯 명은 아버지를 일찍 여의었다며 "아버지가 아들에게 해 줄 수 있는 유일한 일은 일찍 죽어주는 것이다"라고 말했다. 아이의 상상력과 창의력을 위해서는 오히려 그냥 내버려두는 것이 좋다는 것을 극단적으로 표현했다. 자칫 과거의 상식으로 아이를 잘못 물들이는 것보다는 아이가 스스로 새로운 상식을 만들어가는 게 창의력을 생각하면 낫다는 의미기도 하다. 물론 논쟁의 여지가 많은 발언이지만, 분명한 것은 과거의 상식에서 헤어나지 못한 부모가 아이에게 지나치게 의견을 주입하는 것은 창의력에 독이 된다는 점이다.

잘못된 창의력 교육은 안 하느니만 못하다

세계적인 천재 화가 피카소는 자신은 그림을 아이처럼 그리는 데 80년이 걸렸으며 "모든 어린이는 예술가다. 문제는 어떻게 어른이 된 후에도 예술가로 남을 수 있는 가다"라고 했다. 아인슈타인도 비슷한 이야기를 했다. 세계적인 예술가와 세계적인 과학자가 모두 아이의 천진함이 창조의 중요한 원천이라고 주장한 것이다. 다른 듯 보이는 이들도 새로운 것을 받아들이는 태도나 생각만은 같았음을 알 수 있다. 창조는 선입견을 덜어내는 데서 출발하는데, 어린이는 선입견과 고정관념이 적어 문제를 바라볼 때 더욱 새롭고 창조적인 관점에서 접근할 수 있다. 그런데 그 중요한 시기에 아이에게 새로운 생각을 할 기회를 빼앗고 암기와 이해 능력을 통한 학습 기술만 주입했으니 아이들에게 미안할 따름이다.

당신이 생각하는 창의력 교육에 대한 오해는 버리는 것이 좋다. 창의력을 향상하고자 하는 개인은 많지만, 여전히 창의력을 무슨 예술적 영역이나 천재들의 사고 활동으로 여기는 경우가 많다. 그래서인지 뭔가 신기한 것을 보는 것으로 창의력이 생성된다고 믿고, 남들이 만들어 놓은 창의적인 결과물을 보는 데에만 관심을 둔다. 다양하고 새로운 것을 보는 것은 좋다. 하지만 그것이 창의력 교육의 전부일 수는 없다.

그동안 우리는 창의력을 몹시 어렵고 복잡하고 추상적이고 모호한 것으로 생각했고, 이 때문에 창의력과 더욱 멀어지는 부작용도 낳았다. 크리에이티브는 무슨 공식이 있는 것이 아니다. 공식만 외워서 될 것 같으면 창의력이 그렇게 중요하지도 않았다. 물론 쉽게 이해하고 적용하기 위해 창의력에 대한 다양한 방법론을 만들어 내려는 시도는 늘 있었다. 40여 가지 명제로 이뤄진 트리즈도 그렇고, 발상기법으로 손꼽히는 스캠퍼나 체크리스트, 마인드맵도 전형적인 틀을 제시하고 있다. 이런 방법론이 유용하게 쓰일 때가 있기는 하다. 그러다 보니 창의력 교육을 발상 기법이나 방법론 트레이닝으로 오해하고 접근하는 예도 많다. 기존의 창의력 향상 프로그램은 대개 발상 기법과 방법론을 알려주고 실습하는 것에 초점을 맞추고 있다. 하지만 그 틀에 파묻히면 벽에 부딪히고 만다. 잘못 접근한 창의력 교육이라면 안 하는 것만 못하다. 인류 역사상 대표적인 천재로 손꼽히는 레오나르도 다빈치나 토머스 에디슨, 스티브 잡스가 트리즈를 썼겠나? 스캠퍼를 활용했겠나? 기법은 그냥 기법이고, 방법론은 그냥 방법론일 뿐이다. 이 책은 창의력을 키우는 생각의 보약을 알려주는 책이지, 진통제처럼 일시적인 효과를 만들 생각은 없다. 그런 효과는 책을 덮는 순간 사라지고, 써먹을 데도 없다. 입시 교육 하듯 뭔가 외우고 공식을 적용하는 방식으로는 우리 아이들의 창의력을 샘솟게 할 수 없다.

좋아하는 일을 해야
창의력도 더 커진다

좋아하는 일에는 몰입도 잘 되고, 호기심도 생긴다. 어떤 환경에서 자라고, 무엇을 누렸느냐에 따라 관심사와 호기심 대상은 달라진다. 스티브 잡스는 양아버지의 영향으로 어릴 적부터 무언가 만들고 조립하는 것에 익숙했고, 이는 전자 제품을 만드는 엔지니어링에 대한 관심과 호기심으로 이어졌다. 유년기부터 훗날 실리콘밸리라 불리게 되는 지역의 중심에 있는 마운틴뷰에 살았던 덕분에 주변 엔지니어들과 많은 교류를 할 수 있었고, 세계 최고의 IT 기업으로 성장할 회사들도 보며 자랐다. 세계 제일의 첨단 동네에 살다 보니 그에게 IT는 가장 흥미롭고 재미있는 관심사가 되었고, 컴퓨터도 누구보다 빨리 많이 쓸 수 있었다. 이런 환경이 자기 집 창고에서 애플을 창업하고, 세계 최초의 퍼스널 컴퓨터를 만들게 한 원동력이 되었다.

맹모삼천지교에서 아이의 교육을 위해 공동묘지 근처와 시장 근처를 거쳐 서당 근처로 이사한 이야기를 떠올려 보자. 역시 중요한 것은 환경이다. 서당 근처로 이사했더니 아이가 책 읽는 흉내를 내고 공부에 더 많은 관심을 둔 것처럼, 실리콘밸리 중심에 살았기에 애플을 창업하고 세계 최고의 하이테크 창조자가 될 수 있었다. 환경은 경험을 말한다. 인위적으로 누군가 만들어 주기도 하지만, 의도해서 만들기도 한다. 아이가 창조적으로 성장할 수 있는 환경을 조성하는 것도 부모의 중요한 역할이다.

경험만큼 좋은 재산은 없다

경험과 애정 없이는 혁신도 없다. 직접 경험하고 부딪혀야 애정도 생기고 호기심도 생긴다. 내가 좋아하는 것과 자신이 하는 일을 연결하는 것은 특별한 노력으로 되는 것이 아니다.

스티브 잡스는 음악에 관심이 많았기에 아이팟을 만들어 낼 수 있었고, 문화와 예술에 관심이 많았기에 매력적인 디자인의 제품을 만들어 냈다. 대학을 중퇴하고 듣고 싶은 수업을 청강했던 그는, 가장 인상적인 수업으로 글자를 시각적으로 해석해서 디자인으로 꾸미는 캘리그라피를 꼽을 정도로 디자인에도 관심이 있었다. 덕분에 최초의 퍼스널 컴퓨터인 매킨토시를 만들 때도 기능적 접근 외에 화면의 사용과 시각적인 면도 중요하게 고려했다. 애플 컴퓨터에서 이어져 온 디자인과 UX(사용자 경험)가 아이팟, 아이폰, 아이패드를 거치면서도 애플의 중요한 경쟁력이자 매력이 되고 있다. 결국 스티브 잡스의 관심사와 그에 따른 경험이 창조의 중요한 원천이 되었다.

관심이 없는데 호기심이 나올 수 없고, 재미도 없는데 혁신적인 발견이나 질문을 끌어낼 수도 없다. 창의력은 진심으로 즐길 수 있는 대상에서 나오기 쉽다.

어떤 공간을 만들어 주어야 아이에게 도움이 될까?

엄마의 역할 중 가장 결정적인 것이 창의력 향상을 위한 물리적 환경 조성이다. 환경이 창조성에 큰 영향을 미친다는 연구 결과는 이미 꽤 나왔다. 소아마비 백신을 개발한 미국의 면역학자 조너스 솔크Jonas Edward Salk는 자신의 이름을 딴 연구소를 지을 때 모든 연구실의 천장 높이를 3m로 해달라고 주문했다. 세계 각국의 실내 공간의 천장 높이가 평균 2.4m, 좀 높아도 2.7m 이내인 것을 감안하면 꽤 높은 편이다. 이는 기분 전환을 위해 갔던 이탈리아 여행에서 겪었던 일 때문이었다. 우연히 13세기에 지어진 성당에 들어갔다가 높은 천장을 바라보는 순간 놀랍게도 막혔던 문제가 풀렸고, 귀국 후 고민하던 백신 개발에 성공했다고 한다. 높은 천장이 자신의 창의성을 일깨우고, 창의적 발상이나 몰입에 공간이 영향을 미친다는 것을 직접 경험한 것이다.

1965년 설립된 솔크연구소는 상주 연구원 300명 정도가 생명 과학과 생명 공학을 연구하는데, 지금까지 다섯 번이나 연구소 연구원이 노벨상을 받았고, 이곳을 거쳐 간 이들이 노벨상을 받은 것도 수십 명에 이른다. 연구소 규모에 비해 노벨상 수상자가 놀랄 정도로 많은 이유 중 하나로 천장 높이를 이야기하는 이들이 있다. 비단 천장 하나가 노벨상을 받게 한 원동력이었다는 주장은 과장일 수도 있지만, 창의성을 높이고 몰입과 집중력에 도움을 준 것은 사실이다. 실제로 건축물 구조가 창의성과 집중력, 인지 능력에 큰 영향을 준다는 실증 연구 결과가 나왔다.

미국 미네소타 대학교의 조앤 마이어스-레비 교수와 그의 동료들은 2008년 8월『소비자 행동 저널』에 천장의 높이와 인간의 창의성이 어떤 상관관계를 지니는지에 대한 연구 결과를 게재했다. 연구진은 실험 참가자들을 천장이 각각 2.4m, 2.7m, 3m인 방 안에 넣고 똑같은 문제를 풀게 했다. 그 결과 3m 천장의 방에서 두 개의 서로 다른 개념을 연결하는 문제를 푼 참가자들이 다른 피험자보다 두 배 이상 더 잘 풀었다. 이에 반해 천장이 가장 낮은 2.4m의 방에 있는 참가자들은 이 문제를 거의 풀지 못했다.

천장 높이는 필자에게도 적용되는 것 같다. 미술관이나 도서관(자주 가는 이진아도서관은 천장이 아주 높다)에 가면 몰입이 잘 되고 창의적인 생각도 많이 난다. 가장 창의적인 IT 회사로 꼽히는 구글이나 애플, 페이스북, 마이크로소프트 등은 회사 내에 직원들이 마음껏 창의적인 아이디어를 생각할 수 있는 별도의 공간을 만들거나, 사무실에 다양한 배려를 한다. 물리적 공간에 대한 배려야말로 미래 지향적인 엄마가 아이에게 해 줄 수 있는 가장 쉬운 일 중 하나가 아닐까.

시골 초등학생도 가진 것을
왜 당신의 **아이는** 못 가졌나?

경상도 시골의 11살짜리 초등학생이 어른들을 물리치고 KBS의 '퀴즈 대한민국'에서 당당하게 퀴즈 영웅이 되었다. 상금만 4100만 원에, 쟁쟁한 어른들도 퀴즈 영웅은 고사하고 본선에 올라가기도 어려운 프로그램에서 정말 기특한 일이 아닐 수 없다. 나중에 들어 보니 이 어린이의 비밀은 다름 아닌 닥치는 대로 읽는 습관이었다. 평소 가리지 않고 다양한 분야의 책이나 신문을 매일 읽었다고 한다. 지독한 독서광으로 호기심이 생기면 책을 읽어서 해결하고, 책을 읽은 후 노트 정리까지 한다고 한다. 책을 통해 어린이답지 않은 다양한 상식과 지식을 얻었고, 창의적인 사고를 할 수 있는 기틀을 다졌다. 입시 공부보다 더 중요한 '진짜 공부'를 제대로 시작한 셈이다.

책 속에 길이 있다

창의력을 키우는 가장 좋은 방법은 어릴 적부터 다양한 정보를 즐겁게 접하는 것이다. 창의력이 풍부하려면 무엇보다 머리와 가슴에 생각의 씨앗을 많이 뿌려야 하는데, 독서야말로 가장 좋은 방법이다. 시골 초등학교 어린이가 퀴즈왕이 된 것은 원래부터 천재여서가 아니라, 습관처럼 정보력을 키운 결과물이다. 이런 습관은 아이에게만 필요한 것이 아니다. 부모가 먼저 책 읽는 습관을 길들이는 것이 중요하다. 아이에게 백 번 책 읽으라고 잔소리를 하는 것보다, 부모가 책 읽는 모습을 보여 주면 아이는 자연스럽게 책 읽는 것을 당연하게 여긴다. 부모는 책도 안 읽고 텔레비전만 보면서 아이에게 책을 읽으라고 한다면 당연히 받아들이기 힘들다.

아이의 미래를 위한다면 부모가 먼저 책 읽는 사람이 되어야 한다. 어려운 과제인가. 쉽게 생각해도 좋다. 날씨 좋은 날 아이와 손을 잡고 도서관에 가는 것은 어떨까? 쉽고 재미있는 책들부터 마치 놀이하는 것처럼 함께 읽어나가는 일은 생각보다 즐거울 것이다. 도서관은 책을 훑어보며 새로운 지식도 얻고, 생각을 정리하기에 좋은 곳이다. 이상하게도 아이들은 도서관에서 자기 또래 아이들이 책 읽는 모습을 보면 더 의젓해지고 집중한다. 이것을 경쟁심이라 해도 좋다. 이런 경쟁은 얼마든지 바람직하다.

다들 집에 책장만 차지하는 책들이 있을 것이다. 처음 살 때 몰입해서 다 보지 못하고 놔두면, 나중에는 새로운 책을 보느라 자꾸 뒤로 밀리다 어느새 책장에 얌전히 자리 잡는다. 그래서 필자는 도서관에서는 다독을, 직접 사서 집에 둔 책은 정독한다. 도서관에서 본 책을 메모했다가 사기도 한다. 책은 눈으로만 읽지 말고 소리 내서도 읽고, 기억해둘 만한 것은 메모를 하면서 읽는 습관을 들이는 것이 좋다.

도서관은 관심 있는 분야의 기관에서 발행하는 잡지를 보기에도 좋다. 수많은 주간지, 월간지를 모두 사서 보기는 쉽지 않다. 비용도 비용이지만 매달 챙겨 구독한다는 것은 번거로운 일이다. 하지만 도서관에서는 공짜인데다 생각보다 많은 종류가 비치되어 있다. 잡지는 최신 정보를 흡수하고 간접 경험을 하는 데 효과적이다. 다양한 정보와 유행이 가득 담겨 있는 것은 물론 지루하지 않을 만큼 화려한 이미지도 충분히 나온다. 시사지를 비롯한, 경제지, 여성지, 남성지, 과학과 예술을 다룬 잡지부터 스포츠와 취미에 이르기까지 종류가 다양하고, 잡지의 광고 또한 시대의 흐름을 읽을 수 있는 좋은 정보를 제공한다. 이들을 살피는 정도의 노력만 해도 남들보다 더 많은 트렌드를 빠르고 정확하게 이해할 수 있다.

어릴 때부터 길들여야 할 꼭 필요한 습관

독서는 습관이다. 사람들에게는 저마다의 거부할 수 없는 치명적 유혹이 있는데, 그것이 누구에게는 커피나 초콜릿일 수도 있고, 술이나 담배, 마약 같은 위험한 것이기도 하다. 그 중 뭐니뭐니 해도 인간이 가질 수 있는 가장 행복하고 매력적인 중독은 읽는 것이다. 놀랍게도 대부분의 리더가 그랬고, 분야별로 창의적인 이노베이터라고 꼽히는 사람들도 그랬다. 읽는 것에 중독되다 보면 다양한 지식과 정보를 일상적으로 받아들이게 된다. 앞서 말했듯이 머릿속에 생각의 씨앗을 많이 뿌리는 것이다. 창의력이라는 것도 결국 생각의 활동인데, 생각을 위한 다양한 지식과 정보, 경험들로 이루어진 생각의 씨앗이 많을수록 유리하지 않겠는가. 다독하는 사람들은 생각의 오지랖이 넓은 만큼 식견도 넓고, 생각도 많아져 기발하고 다양한 아이디어도 많다. 다독多讀이 필요한 이유가 다상량多想量을 하기 위해서고, 다상량이 바로 아이에게 부족한 창의력의 원천이 되어줄 것이다. 읽지 않고 얻어지는 창의력을 기대하지 마라. 식당에서 돈도 내지 않고 밥 달라는 것과 다를 것 없다. 읽는 것만큼 효과적인 자산도 없다.

읽는 것에 중독된 사람들은 언제 어디서나 책이나 신문, 잡지 등 뭐라도 읽을 때 가장 즐겁고 편하다고 한다. 사실 화장실에 앉아서 책이나 신문을 보는 것을 대부분의 대장항문과 전문의들은 권하지 않는다. 하지만 화장실에서 볼일 보는 짧은 순간에도 뭔가를 읽고 싶어 하는 사람들의 귀에는 의사의 조언도 들어오지 않는다. 심지어 예전에 우리나라 최고의 대장항문외과 전문의의 집에 간 적이 있었는데, 화장실에 수많은 책과 잡지가 꽂힌 책꽂이를 보고 웃었던 기억이 있다. 그 역시 읽는 것의 유혹을 떨쳐내지 못한 것이다.

읽는 것에 습관을 들여야 하는 이유는 늘 새로운 정보가 활자화되어 쏟아져 나오기 때문이다. 소설가 파울로 코엘류Paulo Coelho는 "매일 매일을 비슷한 것으로 여긴다면 장님이 될 수 있다"는 말을 한 적이 있다. 비슷한 것 같지만 분명 같지 않은 것이 우리의 매일이다. 이 차이는 미미해 보이지만, 한 달, 1년으로 보면 그 차이는 확연히 드러난다.

많이 읽는 것만큼 메모를 잘하는 것도 중요하다. 좋은 생각은 정해진 시간에 나타나는 것이 아니라 불쑥 들이닥치는 손님과 같다. 기억은 기록보다 정확하지도 구체적이지도 않다. 메모를 습관화하지 않는다면 어젯밤 잠들기 전 생각해 두었던 끝내주는 아이디어를 놓치고 마는 불상사가 생길 수도 있다. 수첩과 펜이든, 스마트폰이든 메모할 수 있는 무언가를 늘 곁에 두어야 한다. 부모가 먼저 읽고, 기록하는 습관을 들이자. 아이가 자연스럽게 배우게끔 하는 것이 사교육과 비교할 수 없는 진짜 살아있는 교육이다.

제대로 놀 줄 아는 아이로 키워라

여기서 노는 아이라 함은 우리가 흔히 생각하는 사고 치는 아이를 말하는 것이 아니다. '제대로 논다는 것'은 자신에게 주어진 시간을 제대로 활용해 행복한 사람이 되는 것을 말한다.

아이들은 장소에 상관없이 놀잇거리를 찾아낸다. 그래서 마음껏 뛰어놀 수 있는 환경을 조성해 주는 것이 중요한데, 그곳이 집 앞 놀이터나 실내 놀이터여도 상관없다. 다만 항상 똑같은 장소에서 논다면 똑같은 놀이밖에 할 수 없다. 어느 순간 더는 놀이 개발이 재미 없어진다.

아이들에게 끊임없이 새로운 놀이 장소를 찾아 주어야 한다. 놀이터에서 벗어나 주말농장을 가거나, 미술관이나 공연장에 가는 것도 좋다. 기회만 제공한다면 아이들은 어디서든 새로운 즐거움, 새로운 놀이를 찾아내는 데 일가견이 있다. 어디든지 창의력의 보고가 되는 것이다.

우리 아이가 어른이 되어 남는 시간에 술을 마시거나, TV 보는 것 외에는 할 일을 찾지 못하는 사람으로 만들고 싶지 않다면 다양한 활동이 주는 즐거움을 알 수 있도록 제대로 놀 줄 아는 아이, 행복해지는 법을 아는 아이로 키워야 한다.

여행은 아이를 위한 최고의 선물

여행은 사람을 진화시킨다. 유익하면서도 재미있는 창의력 향상법이자 새로운 정보를 통합적으로 받아들이는 좋은 기회다. 당신은 살면서 몇 번의 여행을 했는가? 세상에 여행을 싫어하는 사람은 없다. 다만 주어진 여건 때문에 자주 가지 못하는 경우가 대부분이다.

여행만큼 투자한 이상의 값어치를 하는 공부는 없다. 예부터 귀한 자식일수록 여행을 많이 보내라는 말이 있다. 백문이 불여일견이라고도 한다. 직접 보고 경험하는 것만큼 값진 정보력 향상의 기회도 없다. 책만으로는 얻을 수 없는 생생한 경험은 창의력을 꿈틀거리게 한다. 여행은 사치가 아니다. 시간과 여건이 되는 대로 어디든지 여행을 떠나라. 여행하면서 새로운 사람을 만나고, 낯선 문화도 체험하고, 지금껏 보지 못했던 건축물이나 물건을 보는 재미, 무엇보다 다양한 먹거리가 주는 즐거움…… 이 모든 것은 여행이 아니면 얻을 수 없는 새로운 지식이자 행복한 자극이다. 가족 여행은 가족 관계까지도 돈독하게 만드니 일거양득이 아닐까. 학교 수업을 빼면서까지 아이의 여행 경험을 중요하게 생각하는 부모를 종종 본다. 아이러니하게도 전문직이거나 소위 잘나가는 부모일수록 학교 수업 대신 여행 가는 것을 당연히 받아들이고, 평범한 샐러리맨이나 소시민일수록 학교를 빠지면 큰일 나는 줄 안다. 학교에서 하는 공부보다 더 중요하고 값진 공부가 여행에 있다는 것을 모르는 부모가 많다.

여행을 하면 낯선 환경에 있으면서 생각이 아주 많아진다. 창의력이 극도로 왕성해져 별의별 독특한 생각을 많이 한다. 그래서 필자는 여행할 때 글을 많이 쓰고, 어려운 문제가 있으면 마치 이 여행의 숙제처럼 잔뜩 떠안고 간다. 그러면 정말 놀랍게도 낯선 장소와 낯선 경험 속에서 막힌 문제들이 하나 둘 풀리는 경우가 많다. 평소와 다른 관점에서, 다른 시각으로 문제를 바라볼 수 있는 환경이 조성된다는 점에서 여행만한 자극도 없다. 바다의 모든 것을 사진으로만 느낄 수는 없다. 비행기를 처음 탔을 때의 느낌을 글로만 알 수도 없다. 바다에 직접 가서 눈으로 보고 발도 담그고, 냄새도 느껴봐야 진짜 바다를 알 수 있다. 비행기를 탔을 때만이 느낄 수 있는 긴장과 떨림이 있다. 경험은 가장 매력적인 공부이자 생각을 활성화하는 최고의 씨앗이다. 경험에 인색하지 마라. 책이나 영상을 통한 간접 경험도 좋지만, 직접 경험도 삶에 최고의 활력을 선물한다. 직접 경험에 간접 경험이 더해지면 더 실감 나고 몰입도 잘 된다. 여행에 인색하다면 창의력도 당신의 아이에게 인색해 질 것이다.

사람은 여러 사람과 어울려야 생각이 자란다

여행만큼이나 다양한 즐거움을 선사하는 것이 새로운 사람과의 만남이다. 사람 만나는 것만큼 생각의 폭을 넓히는 방법도 없다. 새로운 사람을 만난다는 것은 상대의 경험과 생각을 공유하게 됨을 의미한다. 유독 낯선 사람을 두려워하는 아이들이 있다. 부모가 어려서부터 이런 경험을 제공하지 않았기 때문이다. 다른 사람과 어울릴 기회를 만들어 주는 것은 미래를 위한 가장 중요하면서도 좋은 투자다. 친구를 경쟁자로만 여기고 점수 올리는 데만 혈안이 된 멍청한 모범생으로 키워서야 곤란하지 않겠나?

새로운 분야, 다양한 분야의 사람을 만나는 것을 두려워해서는 안 된다. 늘 같은 분야, 계속 알고 지내온 사람들, 비슷한 사고를 하는 사람들과 어울린다면 활동의 폭은 한정되고, 사고의 다양성은 줄어들 수밖에 없다. 낯선 사람을 자꾸 꺼리다 보면 새로운 인적 네트워크로의 확장도 더뎌지고, 새로운 사람이 주는 새로운 생각을 얻을 기회도 줄어든다. 다양한 나이, 다양한 직업을 가진 사람들을 만나고 관계 맺는 것은 다양한 인생 여행을 공짜로 하는 방법이다.

생각을 그림으로 잘 그리는 능력이 상상력이다

창조는 생각을 그림으로 그려내는 것과 같다. 손으로 머릿속 생각과 감정을 표현하는 것은 아주 유용한 훈련이다. 그림 실력이 중요하지는 않다. 머릿속에 있는 생각을 표현하는 연습 자체가 중요하다. 그림뿐 아니라 조소 등 시각적 표현 행위는 무엇이든 좋다. 미술과 예술 관련 수업을 들으면 유용한 것도 이런 이유 때문이다. 어릴 적부터 그림 그리는 것에 익숙한 사람일수록 보다 다양하고 제약 없는 상상을 하기 쉽고, 그것을 눈으로 볼 수 있는 구체화한 이미지나 실체를 찾는 데도 수월하다. 백지에 뭔가 창조해 내는 훈련이야말로 상상력을 구체화 하는 가장 기본적인 방법이다.

낙서도 좋다. 어른이나 아이나 종이 위에 무엇인가 끄적거리거나 낙서하는 것을 즐기는 것은 좋은 신호다. 그런데도 우리 아이들은 낙서하면 혼난다는 학습이 많이 되어 있다. 이는 다르게 말하면 아이들의 창의력과 상상력을 꾸짖는 일이라는 것을 어른들은 쉽게 깨닫지 못한다. 상상력은 머릿속에서 출발해 손으로 이어진다. 낙서도 상상력의 표현 과정 중 하나다. 마이클 미칼코Michael Michalko는 자신의 저서『아무도 생각하지 못하는 것 생각하기Cracking Creativity』에서 "아인슈타인, 마사 그레이엄, 다빈치, 에디슨, 다윈의 노트를 보면 이들이 위대해질 수 있었던 기본적인 이유 중 하나는 자신의 주제를 다이어그램과 맵으로 시각화할 수 있었기 때문이다"고 했다. 이처럼 생각을 그림으로 옮기는 일은 생각을 더 구체적으로 다듬고 심화하는 데 효과적인 방법이다. 그러기 위해서라도 어떤 문제가 발생하면 그것을 텍스트로 정리하기보다 그림으로 표현할 수 있어야 한다. 전체적인 구도와 방향을 잡는 데는 다이어그램이나 맵 같은 그림이 더 효과적이다.

미술관을 가야하는 이유

생각을 그림으로 그려내기 위해서라도 시각적으로 표현하는 과정과 친숙해져야 한다. 이를 위해 기회가 있을 때마다 미술관에 가기를 권한다. 미술관은 남녀노소 모두에게 창의력을 훈련하기에 좋은 장소다. 예술 작품을 자기식대로 해석하는 재미를 누려 보라. 도록에 나와 있는 설명을 외우려 들지 말고, 작가의 의도를 해석하고 작품에 대한 자신의 의견을 구체적으로 표현하다 보면 자연스럽게 작품의 매력에 푹 빠지게 된다. 특히 아이에게 미술 작품을 보여주는 것은 작가들의 재미있고 기발한 생각, 철학, 기법들을 직접 접할 수 있게 해 창의력을 높이고 생각의 범위까지 넓히도록 도와준다. 작품에 대한 설명 없이 작가의 의도를 파악하거나 작품을 보고 느낀 점에 대해 의견을 나누는 것은 아이의 정서 발달에도 긍정적인 영향을 미친다. 예술에 주눅 들 필요 없다. 미술관을 하나의 상상력 놀이터로 생각하고 우리 아이가 위대한 예술가의 머릿속에서, 예술 작품 속에서 뛰어놀도록 해 주어라. 미술뿐 아니라 음악이나 다른 예술 장르에도 관심을 두게 하라. 예술이 주는 자극은 창의력에 좋은 약이 되는 데다, 예술과 가까이하는 것을 어렸을 때부터 자연스러운 습관이자 문화로 자리 잡게 한다.

아이와 함께 자주 요리를 하는 것도 상상력과 창의력을 향상하는 좋은 방법이다. 우리 일상에서 빠지지 않는 것이 음식이고, 요리는 가장 실용적이면서 재미있는 놀이이자 창의력 훈련 방법이다. 여러 가지 재료가 조합을 이루어야 완성할 수 있는 요리는 결합과 조화에 대한 실질적인 경험을 제공한다. 일상만큼 좋은 공부도 없다.

실패를 두려워하지 않는 아이로 키워라

삼성 이건희 회장은 2012년 신년사에서 '실패를 삼성인의 특권으로 알고 도전하라'고 강조했다. 실패를 특권으로 여기라니 무슨 말인가 하겠지만, 새로운 도전은 실패할 확률이 상대적으로 높다. 대신 성공했을 때 거두는 성과는 크다. 늘 했던 뻔한 일이 아니라 실패를 하더라도 새로운 도전을 해서 창조적 혁신을 하자는 메시지다. 지금까지 개인은 물론 기업들도 실패를 부정적으로 많이 받아들였다. 하지만 창조적 혁신을 강조할수록 실패가 가지는 가치는 점점 커진다. 실패할 특권을 가진 자들만이 더 나은 혁신과 성공을 이룰 수 있기 때문이다.

실패를 잘하는 것이 진짜 성공의 비결이다

사실 스티브 잡스는 창의적 천재가 아니다. 끊임없이 도전하는 사람이었다. 그는 무수한 실패를 겪었다. 심지어 자신이 만든 회사에서도 쫓겨났었다. 하지만 그 많은 실패도 도전을 멈추게 하지는 못했다. 만약 그때 좌절했다면 우리는 애플의 놀랍고도 역사적인 혁신을 볼 수 없었을 것이다. 창의적 혁신은 실패에 굴하지 않고 꾸준히 도전하는 자에게 주어지는 선물이다.

IBM 창업주 토머스 왓슨 1세는 "성공을 원한다면 실패율을 두 배로 높여라"라고 했고, 창의력 연구가인 딘키스 사이먼튼은 "창의력은 순전히 생산성의 결과다. 히트작의 수를 늘리고 싶으면 실패작의 수도 같이 늘리는 모험을 해야만 한다. 가장 많이 실패한 사람이 결국에는 가장 성공한 창조자가 된다"고 했다. 전구를 발명하기 위해 1000번의 실패를 한 토머스 에디슨은 기자들이 "그렇게 많은 실패와 좌절을 겪는 동안 어떤 힘으로 버텼느냐"는 질문에 "나는 1000번 실패한 게 아니라 안 되는 이유를 1000가지나 알아내는 데 성공한 것이다"고 답했다. 관점에 따라 부정적인 실패 1000번이 될 수도 있지만, 에디슨은 긍정적인 성공 1000번으로 해석했다. 물 잔에 절반만 따른 물을 보고 누구는 물이 반밖에 없다고 하지만, 누구는 물이 반이나 남았다고 하는 것과 같다. 긍정적인 태도는 창의력 자체는 아니지만 창의력을 지속해서 발휘하고 새로운 도전을 하는 데 큰 원동력이 된다.

같은 문제를 두고 부정적으로 바라보느냐, 긍정적으로 바라보느냐의 차이는 생각보다 크다. 부정적인 판단은 의욕을 저하하고 뇌의 활동을 둔하게 만드는 반면, 긍정적인 판단은 다시 한 번 해 보겠다는 도전 의식을 고취하고 실패를 경험하지 않기 위해 뇌의 활동도 활발해진다. 다시 말해 긍정적인 판단은 생각을 활성화해 보다 창의적인 생각을 할 수 있도록 돕는다.

페덱스Fedex의 창업자 프레드릭 스미스는 예일 대학교 학생이던 1965년 경제학 과목 수강 중 학기 말 보고서로 자전거 바퀴살 모양에서 착안한 새로운 화물 수송 시스템에 관한 내용을 제출했다. 미국 전역의 화물을 중앙 집결지(허브)로 모은 후 다시 이를 바퀴살 모양처럼 전역으로 배송하는 시스템에 대한 리포트였다. 하지만 최단거리 수송 방식이 아닌 허브로 모두 모았다가 배송하는 발상이 상식에 어긋난다고 생각한 지도 교수는 C학점을 줬다고 한다. 그러나 1973년 소형 항공기 8대로 시작한 사업은 2009년 기준으로 연 매출 340억 달러에 670여 대의 항공기를 거느리고, 세계 220개국을 연결해 하루에 750만 개 이상의 화물을 처리하는 거대 기업으로 발전했다. 프레드릭 스미스가 C학점으로 평가받았던 물류 유통 시스템은 이제 페덱스뿐만이 아니라 모든 물류 시스템의 기본이 되었다. 만약 교수의 평가에 '내 생각이 얼토당토않았군' 하고 실망하고 그 아이디어를 포기했다면 어땠을까?

새로운 시도는 기존의 상식으로는 이해하기 어려울 수 있다. 자신의 새로운 시도에 대해 더욱 자신 있게, 외부의 비판에도 긍정적인 태도를 유지하는 것이 얼마나 중요한지 페덱스는 보여 준다.

뻔한 성공에 안주하는 온실의 화초로 키울 것인가

당신의 아이를 안정적인 성공만 아는 아이로 키워서는 안 된다.

세상에 성공만 하는 사람은 없으며, 성공만 아는 아이는 작은 실패에도 크게 좌절하기 때문이다. 실패해도 좋으니 거침없이 도전할 줄 아는 아이로 키워야 한다. 도전하지 않으면 자신도 모르는 사이 도태하고 마는 것이 미래 사회다.

우리나라의 각종 연구 사업에서 연구 결과가 나오지 않는 경우는 거의 없다. 연구를 시작하면 약속이나 한 것처럼 모두 결과를 낸다. 대단해 보이는가? 사실 이것은 대단한 일이 아니라 안타까운 일이다. 연구 결과가 늘 나온다는 것은 그만큼 창의적이고 새로운 연구에 도전하지 않는다는 의미이기 때문이다. 연구 사업에서 연구 결과를 내느냐, 내지 못하느냐는 연구자가 이후에 받게 될 처우와 깊은 관계가 있다. 만약 정해진 기간 내에 연구 결과를 끌어내지 못한다면 연구비를 회수하거나 다음 기회를 안 주는 등 불이익을 받는다. 이것이 현재 우리나라의 연구 현실이다.

연구의 질적 가치보다 양적 가치를 따지고, 창의적 도전에 따른 창의적 실패에 대한 배려가 없는 상황이다. 그러다 보니 새롭거나 위험 부담 높은 도전은 하려 들지 않는다. 이미 해 놓은 연구를 반복한다거나, 뻔히 예상되는 결과를 가진 연구만 하는 경우가 꽤 많다. 부끄러운 노릇이다. 매년 막대한 연구비가 집행되지만, 똑똑한 연구자들의 창의적 성과는 부족하다. 노벨상을 받지 못하는 이유도 이런 데 있다. 위험 부담을 감수하고 연구할 수 있는 환경을 조성하고, 도전을 장려하고 창의적 실패를 배려해줘야만 우리나라도 노벨상을 받는 연구자들이 늘어날 것이다.

이기적이고 **사악**한 아이로 키울 텐가?

국제투명성기구의 발표에 따르면 국가별 부패 인식 지수에서 우리나라 순위는 43위다. 경제 규모 세계 10위에, G20에도 들어간 경제 대국인 우리나라가 사회 정의·공정성과 관련한 부분에서는 한참 뒤처져 있다. 부끄럽게도 우리 사회는 아이들에게 적잖은 부패나 부정은 눈감아주는 세상의 부조리를 일찍부터 정치인이나 경제 인사를 통해 보여 준다. 아이들이 무엇을 보고 배울 것이며, 어른들은 어찌 이 앞에서 큰소리칠 수 있을까. 이상하게도 우리나라는 전반적으로 많이 배우고, 사회적 지위가 높을수록 부정·부패와 더 친하다. 혹시 그것조차 특권으로 생각하고 있는 것은 아닌가 싶을 때도 있다. 참 어이없고, 창피한 현실이다. 그런 어른들이 우리 아이들에게 이야기해 주는 미래가 단지 좋은 대학에 가서 돈 잘 버는 좋은 직업을 가지라는 것은 어쩌면 당연한지도 모르겠다. 좋은 직업을 갖고 출세하면 부정을 저지를 수 있는 특권이 생긴다고 가르치지 않는 것을 그나마 다행으로 생각해야 할까? 과연 이런 환경에서, 이런 어른들 아래서 자란 아이들을 이기적이라고 탓할 수 있겠는가? 시대는 점점 높은 도덕성을 요구한다. 국민을 속이는 정치인은 다음 선거에서 표로써 심판 받고, 사회적 책임을 멀리하고 자신들의 이익에만 눈이 멀어버린 기득권은 법의 처벌을 받는다. 아직 모두 성에 차지는 않지만 세상은 분명 이런 방향으로 변하고 있다. 과거에는 쉽게 눈감아 주었던 흠에 대한 잣대도 점점 깐깐해지고 있다.

'상생'을 집에서부터 가르쳐라

'사촌이 땅만 사도 배가 아프다'는 말은 남이 잘 되는 것을 시기하거나, 항상 남보다 잘 되어야 한다는 강박증을 나타내는 말이다. 안타깝게도 상당수의 엄마는 사촌이 땅만 사도 배가 아프고, 이기는 것에 대한 강박증이 있다. 우리 사회는 이기는 사람들의 말이 법이고, 정직하고 순진한 사람은 손해 본다는 의견에 동의하는 사람들도 많다. 급속한 산업화와 민주화를 겪은 우리나라는 겉으로 보기에는 눈부신 성장을 이루었다. 하지만 여전히 친일·독재세력이 권력을 누리고 있고, 오히려 독립투사 자손들은 경제적인 어려움을 겪고 있는 불공정함도 공존하고 있다. 그러다 보니 형식적인 민주화에 비해 경제 민주화나 검찰 개혁 등은 변화의 속도가 매우 느리고, 때로는 그들만의 리그를 지켜보는 국민에게 큰 상실감을 안기기도 한다. 이런 환경에서 자란 아이들이 대의를 위하고, 공정한 경쟁에 대해 공감을 할 수 있을까? 10년 가까이 이어지는 가혹한 입시 경쟁을 겪는 우리 아이들의 마음이 각박해지고, 이런 마음을 온라인 게임에 기대는 것이 아이들만의 잘못은 아닐 것이다. 적어도 온라인 게임 안에서는, 지더라도 다시 시작할 기회를 주지 않는가. 그렇게도 목마르던 승리의 경험을 가장 쉽게 누리는 곳도 바로 온라인 게임이다.

정말 이기지 못하면 지는 걸까? 싸우지 않고 모두 함께 잘 살거나 모두가 이기는 방법은 없는 걸까? 성공을 위해서라면 꼭 누굴 밟고 일어서야 하는 걸까? 이것이 우리 아이들을 위한 진짜 교육일까?

일부 아파트에서 주민 투표로 경비원을 없애는 대신 출입구 자동화 설비를 설치하는 안을 부결시킨 일이 있다. 분명 자동화 설비가 흐름인 것도 맞고, 그렇게 함으로써 장기적으로 비용을 절감해서 각 세대마다 이익이 되는 것도 맞다. 하지만 소외 계층의 일자리를 줄이기보다 자신들이 비용을 좀 더 들이더라도 상생하자는 의미의 선택이었다. 이것을 보고 자란 이 아파트 단지의 아이들에게는 값진 경험이자 교육이 아닐 수 없다. 실제로 공장의 로봇 설비와 자동화 설비가 대세이기는 하지만 노동자의 일자리를 유지하려고 로봇 설비를 반대하는 이들도 있다. 이들 중에는 로봇으로 가장 큰 이윤을 창출하는 기업인들도 있다. 당장 자신에게는 손해가 되더라도 상생이 더욱 중요한 사회적 가치임을 인식하고 있는 것이다. 물론 그렇다고 모든 아파트 단지가 비용 부담을 감수하고라도 경비원을 계속 현 수준으로 유지해야 한다는 주장은 아니다. 다만 그런 선택을 함에 있어서 소외 계층의 삶이나 상생에 대한 고려가 어느 정도 필요한 것은 분명하다.

'돈'이 최고의 가치라고 여기는 아이가 사회적으로 이바지할 역할은 점점 줄어들고, 그런 아이가 커서 부모에게 효도를 다하리라 볼 수도 없다. 공부는 잘하는데 이기적이고 반사회적인 사람들의 사례는 얼마든지 있다. 나만 잘 살면 되고, 출세하면 된다는 식으로 자란 사람들이 저지르는 사회의 문제와 그에 따르는 그들의 몰락도 마찬가지다. 이제는 그런 일들이 더 많이, 빈번하게 일어날 것이다. 이기적이고 사악한 어른이 설 자리는 좁아지고 있음을 잊지 말아야 한다.

과거에는 정치인이 출세를 위한 자리였다면 이제 사회에 봉사하고, 발전에 이바지하겠다는 사명감이 있어야 한다. 이미 선진국에서는 이런 변화가 시작된 지 오래다. 이기적인 정치인은 휴머니즘을 실현하는 정치인에게 자리를 빼앗길 수밖에 없고, 이는 사회 전반의 다른 영역으로도 확산할 전망이다.

돈 잘 버는 어른보다 사회가 필요로 하는 멋진 어른으로 키워라

세상에 혼자 살 수 있는 사람은 아무도 없다. 최고 인기 스타 장동건도 그렇고, 재벌 이건희도 마찬가지다. 설령 고독을 즐기는 작가라 할지라도 혼자 사는 세상에서 얼마나 멋진 글을 쓸 수 있겠는가. 어차피 읽어줄 사람도 없는데 말이다.

인간은 사회적 동물이고, 상생하지 않으면 살아남을 수 없는 존재다. 상생의 방법이 단지 돈으로 하는 기부만 있는 것은 아니다. 중요한 것은 나 혼자만 잘나서는 살아갈 수 없으며 어떤 식으로든, 사회에 기여하겠다는 태도다. 그런 점에서 공공의 이익을 위해 제공하는 무료 봉사 프로보노 Pro Bono 같은 재능 기부의 확산은 미래를 살아갈 아이들에게는 적극 권장되어야 할 바람직한 문화다.

프로보노는 라틴어인 'Pro bono publico'의 줄임말로, 자신의 전문성을 활용해 보수 없이 자발적으로 하는 봉사 활동을 뜻한다. 프로보노는 1970년대 미국 변호사들에 의해 먼저 시작되어 '소외된 이웃을 위해 먼저 다가서자'라는 취지로, 저소득층과 사회단체의 민·형사 사건 법률 서비스를 무료로 제공했다.

미국 변호사협회는 윤리 규정으로 연간 최소 50시간 프로보노 활동을 권장하고 있고, 1990년대 이후부터는 기업과 시민 단체로 확산되었다. 외국에서 확산한 프로보노 활동은 이제 국내에도 자리

잡고 있다. 처음에는 법률과 의료 분야에서 시작되었다가 이제는 경영 컨설팅, 문화 예술, 교육, 재난 구호에 이르기까지 다양한 활동을 보이고 있다. 프로보노는 우리말로 바꾸면 재능 기부의 일종이다. 전문성을 가진 누구나 참여할 수 있다. 자기가 가진 재능을 기부할 수는 있기 때문에 더욱 쉽게 사회 나눔에 동참할 수 있다. 앞으로 프로보노 대열에 동참해 재능을 기부하는 사람들은 크게 늘어날 것이다. 소셜 네트워크를 통해 보다 쉽고 빠르게 확산하는 재능 기부에 대한 생각과 제안들이 더 많은 이들을 움직일 것이다.

국내의 사례를 보자. 2010년 9월 4일 카이스트 정재승 교수의 트위터에서 시작된 과학자의 강연 기부 제안이 몇 시간 만에 의사, 과학 교사, 대학원생 등 300여 명의 동참으로 이어졌다. 비과학자들도 강연 행사를 돕겠다는 의사를 보였고, 기업의 후원 제의도 잇따랐다. 순식간에 트위터를 타고 재능 기부 바이러스가 퍼진 셈이다. 결국 트위터에서 시작한 강연 기부 제안은 그해 10월 30일 오후 2시부터 5시까지 전국의 시립도서관 서른 군데 동시 강연으로 이어졌고, 매년 10월 마지막 주 토요일 과학자의 강연 기부를 연례화하자는 계획으로 발전했다.

서울이나 대도시 중심인 현실에서 과학자의 강연을 들을 기회가 거의 없는 지방의 작은 도시나 농촌은 상대적으로 소외감이 큰 경우가 많았다. 인구 20만 명 이하의 소도시와 읍면 단위의 시립도서관에서 과학자와 공학자들이 청소년을 위한 강연을 위해 재능 기부를 하자는 제안은 그래서 더욱 의미 있었다. 교육청이나 관계 기관이 주도하는 것이 아니라 개인들의 진심이 재능 기부라는 행동을 낳았기 때문이다.

이것이 프로보노의 힘이자, 진짜 멋진 어른의 모습이다. 이미 국내외 주요 기업들에서는 임직원의 재능 기부를 적극 권장·확대하고 있다. 더는 나 하나만 잘살면 된다는 식의 사고방식으로는 시대와 어우러질 수 없다.

가짜가 아닌 **진짜 경제 교육을** 시키자

경제 교육은 그 어떤 교육보다 실생활에서 쓰임새가 많다. 이런 경제를 그동안은 기업의 논리로만 받아들였다. 돈을 어떻게 더 벌 수 있는지 중요했지 어떻게 쓰는 것이 가치있게 쓰는 것인지는 상대적으로 소홀했다. 그래서 내 돈으로 내가 쓰겠다는데 뭐가 문제냐는 시각을 가진 어른들을 양산했고, 돈이면 다 된다는 의식도 팽배했다. 우리에게 가장 중요한 경제를 무슨 점수 받기 위해 암기하는 과목으로 아이들에게 인식시켜서는 안 된다. 더더욱 황금 만능주의를 경제 교육이라 왜곡해 가르쳐도 안 된다. 언제나 사람의 가치를 물질보다 중요시해야 한다. 로봇이 사람 역할을 대신 할수록 더욱 강조할 것은 사람의 가치밖에 없다. 그래서 사회에서 가장 중요한 경제에서도 '돈'보다 '사람'을 중심에 둔 경제관이 더욱 중요하다.

  그동안 경제 교육 하면 으레 재테크 교육이라고 오해하는 부모들이 많았다. 주로 재테크에 대한 내용이 많았던 것도 사실이다. 경제 이익을 위해 필요한 것이 경제 교육이라 믿고 많은 부모가 아이를 위해 그런 교육을 했다. 용돈을 어떻게 받고, 어떻게 써야 하는지 또는 저축이나 투자, 소비 관점에서 연결하고 이해했다. 금융권에서는 VIP 고객의 자녀를 대상으로 경제 교육을 하는데 역시 그 내용이 크게 다르지 않다. 돈의 가치, 사람의 가치를 가르치는 것은 드문 일이다. 아이들에게 필요한 진짜 경제 교육은 무엇일까. 돈 버는 기술이 아닌 경제관을 확립할 수 있는 교육이 필요하다. 사회와 경제의 흐름, 경제 정책도 경제관에서 비롯되는 것이고, 돈에 대한 이해에서부터 돈을 잘 쓰는 법까지도 경제관에서 나온다. 돈 버는 것을 가르치는 것이 잔재주라면, 경제관을 가르치는 것은 고급 기술인 셈이다. 왜곡된 경제관이자 경제 교육은 자식의 미래를 망친다. 혹시 이런 것을 가르치는 학원이 있느냐고 묻고 싶은가. 아니면 좋은 청소년 경제 교육 프로그램이 있는지 검색할 텐가. 이게 문제다.

이런 무책임한 태도가 우리 아이들의 미래를 위협하고 있다.

아이의 경제관은 엄마가 좌우한다

굳이 경제 민주화라는 용어를 사용하지 않더라도 경제에서 공공의 개념은 점점 확대하고 있다. 과거에는 돈만 잘 벌면 되었는데, 이제는 어떻게 번 돈인지도 못지않게 중요하다. 돈을 벌고 쓰는 데 있어 사회적 가치, 공공의 가치가 중요해졌다. 적어도 우리 아이가 과거식 경제관에만 길들어서 새로운 시대에 맞게 될 경제관에 도태되는 일은 없어야 한다. 아이가 경제를 이해함에 '돈'보다 '사람'의 가치가 항상 우선되어야 한다는 것을 알도록 도와주는 것도 중요한 부모의 역할이다.

경제 교육은 일차적으로 부모의 몫이다. 학교에서는 지식을 전달하고, 사교육에서는 입시에 당장 활용할 수 있는 지식을 가르친다면, 부모는 좀 더 멀리 보고 아이의 경제관과 가치관을 형성하는데 이바지해야 한다. 아이에게 경제와 시사 이슈에 대해 설명하고 토론할 수 있는 준비도 되어 있어야 한다. 물론 일방적인 학습 방식으로는 곤란하다. 결론을 부모가 먼저 정하고 아이에게 주입하는 게 아니라 경제 이슈를 사이에 두고 함께 토론하면서 더 합리적이고 타당한 결론을 도출해야 한다. 이런 것이 진짜 값지고 가치 있는 교육이다. 결국 부모가 똑똑해야 자식의 미래도 똑똑하게 챙길 수 있다.

그냥 학습 능력만 잘 갖추도록 입시 학원에, 사교육만 열심히 하는 것으로 부모 역할이 끝나는 시대는 지났다.

경제 교육이라 하면 미리 겁을 먹는 부모들이 있다. 어렵지 않다. 신문에 나오는 이슈만 잘 들여다봐도 좋은 교육이 된다. 누가 돈을 많이 벌었다는 기사보다 경제 상황 변화에 주목해 보자. 신문은 무수한 토론거리를 담고 있다. 부모가 일방적으로 가르쳐야 한다는 부담은 버려도 좋다. 부모와 자식이 함께 보고 공부한다고 생각하면 훨씬 마음이 편해질 테니까.

경제 이슈를 볼 때는 현상에 집중하기보다는 '왜 이런 일이 생겼는지', '그 속에 담긴 뜻은 무엇인지', '일시적 현상인지, 새로운 변화인지' 등에 초점을 맞추어야 한다. 지금부터 토론 연습을 해 볼만한 몇 가지 경제 이슈를 소개하려고 한다.

먼저 월 2회 일요일마다 대형 마트 의무 휴업을 강제하는 것에 대해서 어떻게 생각하는지 의견을 나눠보자. 엄마와 아이가 각자 인터넷이나 신문을 통해 사실관계를 확인하고, 의견을 나누는 것이다. 대형 마트의 입장이 되어 휴업하는 것이 기업에 손실이라는 의견이 나올 수도 있고, 재래시장이나 소규모 상권은 상대적으로 이익을 확보할 수 있을 거라는 의견도 나올 수 있다. 또는 기업 활동에 정부가 과도하게 개입한다거나 상생을 위한 최소한의 유통 정책이라는 의견이 있을 수도 있다. 의무 휴업이 정착되고 나면 영업 허가

제, 판매 품목 제한, 영업 시간 제한 등으로 추가 법 개정과 사회적 합의가 이루어질 가능성도 크다. 사실 선진국에서는 이미 시행하고 있는데다, 사회의 보편적 경제관도 대기업과 중소기업, 영세 상권 등이 서로 상생하는 방향으로 변화하고 있기 때문이다. 좀 더 큰 범주에서 바라보면 '2012 다보스 포럼' 의제로도 연결된다. 자유시장주의자들 사이에서도 자본주의 위기의 원인을 탐욕과 독점으로 규정짓고 상생의 경제관을 언급할 정도였다. 대형 마트 휴업일 이야기로 시작해서, 왜 재래시장 상권을 활성화해야 하는지, 해외에서는 이런 유통 문제를 어떻게 풀고 있는지, 다보스 포럼을 비롯한 세계 경제 흐름에서는 어떻게 다루고 있는지 등을 연결해 보는 것도 흥미로운 접근 방식이다.

기업가에 대한 이슈도 토론하기에 좋은 주제다. 왜 재벌 총수들은 회삿돈을 자기 돈처럼 쓰는지, 그것이 왜 문제가 되는지 이야기해 보는 것이다. 이를 통해서 주식회사의 개념도 이해하고, 기업의 지배 구조에서 한국 재벌이 가진 특수성도 이야기할 수 있다. 물론 쉬운 내용은 아니다. 하지만 알고 보면 우리가 뉴스에서 보며 혀를 차던 내용이고, 어른들이 술자리에서 안주 삼아 이야기하던 내용이다. 이런 것들을 논리적인 근거를 담아 아이들과 토론해 보는 것뿐이다. 자료 조사 등이 부담된다면 우리에게는 인터넷이 있지 않은가.

'기업가'라는 주제와 연계해 부도덕한 기업가를 소비자가 단죄한 피죤의 사례도 좋은 이슈다. 시장 점유율 부동의 1위 기업이 한순간 추락하게 된 것은 피죤 회장의 비상식적 경영 때문이었다. 소비자는 더는 물건 자체만 보고 소비하지 않는다. 그 물건을 만든 회사의 사회적 책임이나 경영자의 도덕성까지도 고려 대상이 된다. 소비자는 좋은 물건을 값싸게 사는 게 가장 이익이지만, 거기에 사회적 가치까지 추가해서 소비한다. 시장의 주도권을 기업이 아닌 소비자가 가진다는 것과 함께, 기업의 사회적 책임이 중요해 졌음을 보여 주기도 한다. 이런 기업의 문제는 상시로 등장한다. 그럴 때마다 무엇이 문제이고, 어떤 관점으로 바라보아야 하는지 토론이 필요하다.

경제는 작은 퍼즐이 모여 큰 틀을 이룬다. 한 가지 사안을 분석하다 보면 그 문제는 꽤 여러 가지 사건이나, 현상과 연관있다. 그래서 경제 토론을 준비하는 과정은 많은 준비가 필요하고, 그만큼 토론을 통해 얻는 것도 상당하다. 또한 아이의 경제관을 바로 세워주는 것과 함께, 부모와 아이가 깊이 있는 대화를 일상적으로 하도록 유도한다. 아이의 사고력, 논리력, 창의력, 발표력 등 모든 면에서 이보다 더 좋은 교육은 없다. 카네기 대통령을 배출한 미국의 명문가 카네기 가문에서는 토론을 저녁마다 했다고 한다. 이제는 우리에게도 절대적으로 필요한 모습이다. 정보에 대한 해석, 이해에 따른 주장이야말로 로봇이 대체하지 못하는 인간의 경쟁력이기 때문이다.

미래를 **주도**할 새로운
시대정신을 가르쳐라

　사회의 책임, 친환경, 지구의 보존, 공존과 상생 등은 앞으로 아이들의 미래를 주도할 시대정신이다. 개인의 의지와 상관없이 이미 거역할 수 없는 흐름이다. 아이가 미래의 변화에 잘 적응할 수 있게 하기 위해서는 무엇보다 부모가 시대의 변화에 민감해야 한다.

　미래를 위해 생각할 만한 몇 가지 이슈를 예로 들어 보자. 물론 하나의 예시이자 가이드일 뿐, 일상에서 쏟아지는 무수한 사회적 이슈 중 한 가지를 골라 아이와 수시로 이야기해 보는 것이 좋다. 다시 강조하지만 토론만큼 좋은 학습도 없다.

　2011년 가을에 시작해 2012년까지 월스트리트를 점령했던 시위대의 대표적인 구호는 '이익보다는 인간'이었다. 이익을 독점하는 1% 때문에 99%는 어려움을 겪고, 빈부격차와 청년 실업률이 증가하고 기회를 박탈당하는 현실에 대한 사회적 항거였다. 사실 이것은 특정 국가만의 문제가 아니다. 우리 경제도 여전히 상생보다는 상위 기득권자의 독점이 우세하다. 하지만 미래에는 적어도 현재보다 상생의 수준이 훨씬 높아진다. 기득권을 가진 1%에 대한 견제 수위를 높이고, 다수의 경제 수준과 삶의 질이 높아지는 방향으로 진화하고 있다. 우리가 보수나 진보라 부르든, 여당이나 야당으로 부르든 그들의 주장도 10년 전과 비교하면 놀라울 정도로 진화했다. 현재 보수의 주장이 10년 전 진보에서 주장하던 것보다 더 진보적인 것이 많다. 즉, 새로운 시대를 맞으면 그 시대에 맞는 시대정신이 가장 보편적인 상식이 되는 것이다.

최근 우리나라의 은행들은 사상 최대의 이익을 거두고, 대규모 배당과 성과급을 거론하다 여론의 몰매를 맞았다. 기업이 낸 이익을 직원들과 주주에게 나눠 준다는 데 무엇이 문제일까?

금융계는 외환 위기나 글로벌 금융 위기 때 대규모 공적 자금을 지원받았다. 사회와 국민에게 빚을 지고 있다고도 할 수 있다. 그런데도 이후 예대 마진과 수수료 등으로 땅 짚고 헤엄치기 식으로 고수익을 냈고, 이제 와서 모든 것이 온전히 자신들의 공과인양 나눠 가지겠다는 발상이 문제다.

카드 업계도 마찬가지다. 정부가 신용 카드 사용액에 대한 소득 공제를 해 주는 정책 덕분에 1999년 대비 2009년 카드 거래액은 일곱 배가 넘었고, 2010년 기준으로 우리나라 신용 카드 사용 실적은 세계 2위가 되었다. 이렇게 정책으로 득 볼 때는 가만있다가 영세 자영업자에게 수수료를 내리라고 하니 업계는 과잉 간섭이라며 즉각 반발했다. 여론은 이기적인 카드 업계의 태도를 그냥 넘기지 않았다. 소비자들이 조직적으로 불매 운동하는 것보다 기업이 무서워하는 일도 없다. 절대 강자이기만 하던 기업을 압박하는 것은 결국 개개인이 모인 소비자의 힘이었다.

　미국에 불었던 페트병 생수 안 마시기 운동도 괜찮은 주제다. 우선 이런 운동이 미국을 비롯한 선진국에서 발생했다는 것은 선진국 국민의 보편적인 의식이 어떤지 가늠할 수 있는 잣대다. 페트병 생수는 가장 쉽게 많이 소비하는 음료다. 싸고 편리하게 마실 수 있고 손쉽게 휴대할 수도 있다. 그런데 편리함을 주는 페트병 생수가 환경에는 치명적이라는 사실을 깨달은 사람들은 지금까지 누렸던 편리함을 거부하고, 페트병 사용 금지 운동을 시작했다. 용기 생산에 들어가는 막대한 석유도 문제거니와, 병을 아무 데나 버리면 환경 쓰레기가 된다. 일회용 종이컵 대신 머그잔이나 텀블러를 쓰는 사람들도 늘고 있다. '자연은 우리가 아이들에게 물려주는 것이 아니라 빌려온 것이다'라는 말이 있다. 그렇기 때문에 환경 문제는 더욱 책임감을 가지고 중요하게 다룰 필요가 있다.

　일본 도쿄의 대표 번화가인 긴자에서 왜 꿀벌을 키우고 있는지도 재미있는 주제다. 환경 변화에 민감한 꿀벌이 도심에서 건강하게 날 수 있는 환경이 조성된다면 좋겠다는 생각에서 출발한 '긴자 양봉 프로젝트'는 이제 긴자의 수많은 빌딩이 자발적으로 참여하고 있다. 수확한 벌꿀은 칵테일, 마카롱, 양갱의 단맛, 벌꿀 화장품과 비누의 향료 등으로 고루 쓰인다. 긴자에서 생산한 꿀은 긴자 내에서 모두 소비하며, 여기서 발생한 수익금은 무농약 재배 농가 지원금을 비롯해 긴자의 환경을 위해 다시 기부한다고 한다. 빌딩 옥상 녹화 관리나 잡초 뽑기는 장애인을 고용해 소외 계층의 고용 창출에도 이바지하고 있다. 긴자 지역의 양봉 프로젝트는 환경에 대한 인식과 함께 빌딩숲에서도 지역 공동체를 만들 수 있음을 확인시켜주었다. 환경, 공동체, 사람과 자연의 공존, 상생 등은 미래의 시대정신에서도 가장 중요한 키워드들이고, 이것을 외우는 것이 아니라 직접 이해하고 공유하는 과정이 아이들에게도 필요하다.

미래가 **요구**하는 **인재상**은 무엇일까?

열심히 하면 된다는 논리는 이제 사라져야 한다. 개미와 베짱이 중 베짱이가 미덕이 될 수도 있는 미래가 다가오고 있다. 개미가 샐러리맨이라면 베짱이는 창작자다. 개미가 조기 퇴직하고 노후를 빠듯하고 불안하게 산다면, 베짱이는 저작권료를 받으면서 정년과 관계없이 사회적 가치를 발휘하며 살아간다. 과연 누가 더 잘 사는 것일까? 일자리는 계속 줄어드는데 미래의 아이들에게 좋은 곳에 취직하라는 것은 넌센스다. 취직보다는 창업하는 아이로 키워야 한다. 자영업이 아니라 좀 더 큰 꿈을 발휘할 새로운 사업을 꿈꾸게 해야 한다. 미래의 스티브 잡스나 마크 주커버그가 아이들의 목표가 되어야 한다.

창조적 문제 해결 능력이 있는 사람이 진짜 인재

만약 당신에게 지구 사진을 찍어오라면 어떻게 할까? 불가능하다고 포기하지 않을까. 사실 지구 사진을 찍기란 쉽지 않다. 하지만 어려운 일이라 믿었던 이 일을 아주 쉽게 해결한 이들이 있다. 당신도 시도해 보고 싶다는 생각이 들지 않는가. 그들이 이 방법에 들인 돈은 겨우 160달러이고, 방법도 상세히 공개했으니 말이다.

MIT에 재학 중인 올리버 예, 저스틴 리, 에릭 뉴턴은 이 프로젝트를 '이카루스'로 명명했다. 160달러는 높은 고도로 올라갈 기상 관측용 풍선과 지구 사진을 찍을 저렴한 일반 디지털카메라, 풍선을 추적할 GPS 기능이 있는 선불 휴대폰을 사는 데 쓰였다. 카메라는 700만 화소 캐논 파워샷 기종으로 아마존닷컴에서 중고로 구입해 오픈 소스 펌웨어 애드온을 설치하고, 5초마다 사진을 찍도록 설정했다. 풍선 위치를 추적하기 위해 50달러를 주고 GPS 기능이 있는 모토로라 휴대폰을 구입했고, 지정 타이밍마다 전화기의 현재 위치를 기록하는 무료 프로그램을 설치했다. 리튬 전지에 USB 전화충전기를 연결해 5시간 비행하는 동안 전화기에 전원을 공급했다.

전화 신호를 증폭하기 위해 외부 안테나도 달았다. 성층권의 낮은 온도에서도 가전제품들이 작동하도록 모든 장치는 스티로폼으로 만들어진 냉장 박스 안에 넣었고, 손난로도 함께 넣었다. 풍선이 터져 지구로 떨어질 때는 낙하산이 펼쳐지게 했다. 풍선을 띄우고 5시간 후, 처음 위치에서 32km 떨어진 곳에서 장치들이 들어 있는 상자를 회수하면서 프로젝트는 무사히 끝났다.

  그들은 고도 28km 이상의 위치에서 지구 곡면이 보이는 상부 성층권 사진을 1000장이나 찍었다. 이 정도 높이면 상업용 제트기 고도의 두 배이고, 성층권은 고사하고 항공 사진을 찍으려 해도 최소 수백만 원 이상 드는 것을 고려하면 놀라운 일이다. 역대 최저 금액으로 지구 사진을 찍은 셈인데, 기존의 발상을 확실히 뒤집은 것이다. 이제까지 그런 사진을 찍을 수 있는 곳은 미항공우주국이나 장비를 갖춘 항공기뿐이었다. 그런데 이들은 시중에서 쉽게 구할 수 있는 재료로 특별한 개조 없이 문제를 해결한 것이다. 흡사 콜럼버스의 달걀 같다. 왜 우리는 이런 생각을 못했을까, 이런 게 바로 미래의 진짜 경쟁력이다. 당신의 아이가 우리의 사고를 닮기를 바라는가. 아니면 160달러로 지구 사진을 찍은 MIT 학생들의 창조력을 닮기를 바라는가.

다양한 영역을 넘나드는 통합적 인재

수학책에 등장하는 피타고라스는 사실 수학자이자 철학자면서, 여러 분야에 관심이 있었다. 현의 길이에 따라 다른 음이 나는 것을 알게 됐고, 건축은 물론 기호학, 예술을 비롯해 정치와 사상에도 영향을 미쳤다. 그는 단순히 숫자를 연구한 것이 아니라 세상에 통용하는 공통의 이론이자 진리를 찾아 사고했고, 그 결과 중 하나가 수학에서 두드러진 것뿐이다. 그런데 우리는 통합적 사고에서 출발해 가장 대표적으로 드러난 결과물인 '피타고라스의 정리'를 근거로 그를 수학자로 단정했다. 사실 그는 모든 것을 궁금해했고, 그 답을 찾고 입증하는 것을 즐겼다. 사람과 세상 모두를 연구했던 것이지 그걸 특정 영역으로 구분 지어 놓은 것은 아니다.

학문의 영역은 사람들이 마음대로 구분한 것이다. 이것은 전문성의 제고 혹은 효율성을 위한 구분일 수도 있지만, 냉정하게 말해 영역별 밥그릇을 지키기 위한 것이기도 하다. 과거로 거슬러 가면 학문 영역의 구분 자체가 희미해진다. 고대 그리스의 철학은 지금 우리가 생각하는 철학이 아니라, 인간이 생각할 수 있는 모든 것을 다루는 아주 넓은 범주에서 사고했다. 요즘 우리 기준으로 보면 당시에는 철학자가 수학자이기도 하고 예술가이기도 하고 정치가이기도 했지만, 굳이 인간을 둘러싼 모든 것을 세분할 필요 없는 하나의 영역으로 바라보았다. 그러다 보니 오히려 더 다양하고 통합적인 사고를 많이 했고, 지금도 통용하는 수많은 사상이나 이론적 기반을 만들어 낼 수 있었다. 레오나르도 다빈치나 미켈란젤로도 이런 방식을 이어왔고, 이런 사람들이 영역을 넘나들며 매력적인 창조자가 되었다. 통합 사고는 다양한 영역을 결합하지만, 사실 모든 사고는 애초에 분리되어 존재하지 않았다. 그러니 분리가 아닌 영역을 넘나드는 결합은 미래를 향한 발전적 진화다. 통합으로 시작해 점점 분리하며 진화했다가, 이제 다시 통합으로 전환하게 된 것이다.

영역을 나누고, 피고들이 특화시키다 보면 보다 심도 있는 연구와 성과를 거두게 된다. 이점은 분명 장점이다. 하지만 특정 영역에만 파묻히면 바로 옆에 연결할 수 있는 영역이 있더라도 외면하기 쉽다. 하물며 이종 결합은 상상도 못한다. 이종 교배를 하지 않고 늘 동종 교배만 해서는 뻔한 연구와 답만 나온다. 어느 정도 깊이 들어간 후에는 확장시켜 다른 영역과 자유롭게 넘나들어야 한다. 미래에는 한 분야에만 한정한 깊은 전문성보다 다양한 영역을 넘나들 수 있는 통합적인 인재가 더욱 요구된다.

미래는 창조적인 사람의 시대

프랑스 정부가 12년간 수백 명의 미래학자에게 의뢰한 각 분야 미래 예측에 따르면 1900~1940년을 생산 사회, 1940~1980년을 소비 사회, 1980~2020년을 연예 사회, 2020~2060년을 교육 사회,

2060~2100년을 창조 사회로 분류했다. 현재는 엔터테인먼트 산업과 스타 산업이 전성기지만, 앞으로 10년 내 이들 산업의 영향력은 위축하고 그 자리를 교육산업이 대체할 것이라는 이야기다. 사람들의 지적 수준 향상에 따라 시시한 말장난이나 시간 때우기 식의 오락거리에 대한 선호도는 점점 떨어져, 엔터테인먼트에서 보다 교육적인 접근을 강화하리라는 것을 암시하기도 한다.

창조 사회는 2060년이 아닌 10년 후에 찾아올 수도 있다. 구글이나 페이스북, 트위터 등의 탁월한 기술을 낳은 것도, 애플의 아이팟, 아이폰, 아이패드의 시작도 모두 창조적인 아이디어가 밑바탕이었다. 창조적인 아이디어가 곧 돈이 되는 시대다. 아이폰과 아이패드의 앱스토어에서도 창조적인 아이디어를 가진 개인들이 지금 이 순간에도 돈을 벌고 있고, 유튜브에도 기발한 동영상으로 수익을 내는 개인이 많다. 창조 사회의 초기 진입은 이미 시작한 것이나 다름없다. 교육 사회와 창조 사회는 이미 시작했으며, 2020년에는 훨씬 성숙한 수준으로 진화해 프랑스 정부의 미래 예측보다 훨씬 앞설 것이다. 프랑스의 미래 예측은 그 본질적 내용은 맞지만, 적용 시기의 오차는 그만큼 변화 속도가 빨라서 발생하는 것으로 이해하면 된다. 물론 사회 전반이 보편적인 창조 사회가 되려면 시간이 더 필요하겠지만, 사회에서 상대적으로 앞서고 싶다면 더 많은 시간을 기다릴 필요는 없지 않겠나.

중요한 것은 우리가 지켜본 창조자들은 기성세대의 하향식, 주입식 교육의 산물이 아닌 기존의 교육을 부정하면서 오히려 창조 사회의 초기 진입 선도자가 될 수 있었다. 미래의 창조 사회에 적합한 인재가 되려면 기존의 교육 체제에 길든 가치와 사고부터 떨쳐내야 한다.

지금은 창조가 플러스 경쟁력이라면 2020년쯤에는 창조가 기본이 된다. 누구나 창조적이 되는 것이다. 지금 영어 공부하듯, 그때는 글로벌 스댄다드가 된다. 다른 짐이 있다면 영어는 단시간에 공부할 수 있지만, 창조성은 좀 더 오랜 시간 양의 축적이 필요하다는 것이다. 그리고 지금부터 준비하지 않는다면 2020년 우리 아이들에게 "엄마의 상식이 내 미래를 망쳤다"는 원망을 듣게 될 것이다.

에필로그

엄마는 **아이의 미래를 대신** 살아주지 못한다

　아이들이 살아갈 10년 후 미래는 상상 이상으로 많은 변화를 동반합니다. 과연 당신은 다가올 미래에 대해 얼마나 알고 있나요? 대부분은 영화나 다큐멘터리 등을 통해 막연히 짐작만 할 뿐, 막상 그것이 가져올 구체적인 일상이나 삶의 변화는 깊이 생각하지 못합니다. 특히 로봇 산업의 비약적인 발전은 우리의 상식 대부분을 파괴할 것입니다. 아이가 평범한 월급쟁이나 아르바이트를 하며 살아가도 괜찮다면 굳이 새로운 흐름을 파악하는 수고는 필요 없습니다. 나이 든 내 아이의 밥을 먹여주고, 옷을 입혀주고, 잠을 재워주며 평생 데리고 살고 싶다면 당신은 굳이 변하지 않아도 됩니다. 명문대에 진학하는 것만으로 충분히 만족할 수 있다면, 지금 가지고 있는 교육관을 그대로 유지하십시오. 하지만 아이가 좀 더 큰 꿈을 갖기를 바란다면, 미래에 누구보다 경쟁력 있는 인재가 되길 바란다면 가장 먼저 과거의 상식을 버려야 합니다. 입시 교육에 몰두하기보다 아이가 미래 사회에 필요한 자질을 갖추는 데 관심을 두어야 합니다.

이 책은 미래에 대한 주관적인 주장이 아니라, 이미 객관적으로 드러난 팩트에 대한 분석과 방안을 제시하고 있습니다. 이 책을 본 엄마 중 일부는 '내 생각과는 달라'라고 말할 수도 있고, 귀와 눈을 닫고 기존의 교육 방식을 고집할 수도 있습니다. 하지만 아이들이 행복한 어른이 되기를 바란다면 이 책과 함께 잠시라도 진지하게 현재를 돌아보는 시간을 가져 보는 것은 어떨까요?

아직 실감하지 못해 그렇지 로봇이 인간의 노동력을 대체하는 시대는 정말 머지않았습니다. 이미 생산직 노동자들이 현장에서 밀려나기 시작했고, 사무직 노동자들도 남의 일만은 아닙니다. 의사나 변호사, 교수 등 엄마들이 가장 선호하는 전문직 종사자들마저도 대체 가능성이 제기되고 있습니다. 어떤 직업이라도 로봇과 첨단 하이테크의 영향력을 벗어나기 힘듭니다. 수많은 사람의 영역을 대체할 로봇 문제는 모두에게 보편적 과제입니다. 앞으로는 로봇이 할 수 없는 일, 즉 사람만이 할 수 있는 일을 잘하는 것이 최고의 경쟁력이 됩니다. 아이가 경쟁력을 갖춘 어른으로 성장하려면 제일 먼저 사람만이 할 수 있는 일이 무엇인지 파악하고, 그에 맞는 준비를 해야 합니다. 이를 위해서는 무엇보다 새로운 생각과 문제 제기를 이끌어 낼 창의성과 인성, 판단력과 사교성이 필요합니다.

그런데 이마저도 학원에서 가르치면 된다고 생각하는 어리석은 엄마들이 있습니다. 정말 학원은 우리 아이를 미래형 인재로 키워낼 수 있을까요? 학원은 최소한의 시간을 투자해 최대한의 효과를 지향하는 곳입니다. 그런데 창의성, 인성, 판단력, 사교성이 단기간 학습으로 습득 가능한 자질일까요? 입시를 위한 학습은 충분히 가능합니다. 하지만 미래가 요구하는 능력은 절대 사교육으로 해결할 수 없습니다. 10년 후면 사람의 역할 중 상당수는 로봇이 대신합니다. 그 중 단순한 학습 능력은 가장 먼저 대체할 수 있는 부분입니다.

반면 창의성은 아무리 사회가 발전해도 로봇이 대체할 수 없습니다. 로봇은 입력된 정보 내에서만 답을 찾을 수는 있어도 새로운 문제를 만들어 내지는 못합니다. 하지만 사람은 가능합니다. 이것이 바로 '창의성'입니다. 요즘 기업이나 정부 운영에서 가장 중요한 키워드 중 하나는 혁신인데, 이 혁신이 바로 창의성에서 출발합니다. 앞으로 그 중요성은 더욱 커질 것입니다. 당연히 어떤 자질보다 아이에게 필요한 자질도 창의성입니다. 공부 잘해서 명문대 나오고, 아이큐 높은 똑똑한 인재들이 기업과 산업을 선도하던 시대는 끝났습니다. 창조적인 괴짜들이 산업의 흐름을 바꾸고, 기업은 혁신을 위해 과감한 도전을 주저하지 않는 인재를 원합니다. 세계 100대 브랜드나 100대 기업을 뽑으면 우리나라 기업은 삼성전자나 현대·기아자동차 정도가 겨우 명함을 내밉니다. 500대 기업을 꼽아도 열 손가락을 못 채웁니다. 이유가 무엇일까요?

애플, 구글, 페이스북, 아마존 등은 혁신과 창조의 대명사입니다. 그런데 우리나라 기업들은 이런 것들이 부족합니다. 한때 아무리 잘나가던 기업도 창조와 혁신의 에너지가 고갈되면 역사 속으로 사라집니다. 그렇다고 급한 마음에 사교육으로 가짜 창의력 교육을 해서는 안 됩니다. 다양한 경험과 독서, 토론을 통해 느리지만 제대로 키워야 합니다.

판단력도 로봇이 침범할 수 없는 사람만의 능력입니다. 로봇이나 컴퓨터가 경우의 수별로 확률이나 시나리오를 만들 수는 있어도, 최종 판단과 결정은 사람만이 가능합니다. 인성을 갖추는 것이나 사람과 관계를 맺는 것도 마찬가지입니다. 사람들과 많이 어울리고, 진정한 존중과 배려를 배우는 것이야말로 가장 필요한 교육입니다. 그런데 아직도 로봇이 대체할 경쟁력 없는 분야에 소중한 시간과 비용을 쏟아 붓고 있습니까? 우리 아이들이 로봇이 절대 침범할 수 없는 사람만이 가지고 있는 자질을 더욱 함양하도록 도와야 합니다. 이것이야말로 진짜 필요한 투자입니다. 미래를 보지 못하고 과거에 갇혀 현재를 살아가는 것만큼 안타깝고 불행한 사람은 없습니다.

여전히 많은 엄마가 맹신하고 있는 명문대 졸업장은 더는 과거와 같은 영광을 재현하지 못합니다. 그런데도 아이를 대학 진학과 동시에 쓸모없는 지식이 되어버리는 입시 준비에만 집중하게 하는 것은 너무 무책임합니다. 충분히 미래를 예상할 수 있는 현상들이 여기저기 나타나고 있는데 아직도 과거 상식에 머물러 눈치채지 못하는 엄마들이 많습니다. 물론 직접 보고 겪은 세상이 그러했으니 명문대에 대한 환상이나 의사, 변호사, 교수에 대한 로망을 이해 못하는 것은 아닙니다. 그만큼 경험은 무서운 것이니까요.

산산조각 난 부동산 신화에 대한 믿음을 쉽게 버리지 못하는 것과 비슷합니다. 부동산 경기는 이미 2008년 꼭짓점을 찍은 이후 하락세인데도, 여전히 과거에 누렸던 대박만 생각하고 다시 오를 거라 여기는 사람들이 있습니다. 과거 부동산 주기와는 질적으로 다른 새로운 패러다임이 왔다는 것을 전혀 알지 못합니다. 물론 좋았던 기억을 버리는 게 쉽지는 않습니다. 이런 사람들은 큰 손해를 보고 나서야 한 명, 두 명 과거의 상식을 버리고 미래의 상식으로 전환할 것입니다. 물론 변화를 너무 늦게 받아들인 책임은 고스란히 자신의 몫이 되겠지요.

엄마들에게 묻고 싶습니다. 잘못된 상식으로 아이의 미래를 망치는 엄마가 되고 싶습니까? 이제 아이를 위한 교육의 주체는 학원이 아니라 엄마와 아이가 되어야 합니다. 단순히 시간과 비용을 투자하는 엄마가 아니라 풍부한 경험과 다양한 관심을 주제로 토론 하고, 사람들 속에서 문제를 풀며 직접 판단하고 실행할 기회를 더 많이 만들어 주세요.

저는 특정 부류의 엄마들과 어떤 이해관계로도 얽히지 않았고, 여러분의 자녀가 어떤 길을 가고 어떤 공부를 하는지에 따라 개인적으로 이득을 보는 것도 않습니다. 이 책은 사교육 시장과 연결되지 않은 사람이자 트렌드를 분석하는 미래 예측 전문가로서, 우리나라 엄마들과 아이들에게 보내는 진심 어린 메시지입니다. 미래를 제대로 준비하고 맞이하는 것은 개인의 문제뿐만 아니라 사회 전체의 문제이자 국가의 미래 경쟁력이기도 하니까요. 미래를 살아갈 사람은 엄마들이 아니라 아이들이고, 아이들이 바로 우리나라의 미래입니다. 저는 제대로 준비한 인재들과 2020년 이후의 미래를 맞이하고 싶습니다.

참고문헌

- 고교 1년생이 경제학 책 펴내 화제 2007. 1. 19, 연합뉴스
- 구글이 비밀스레 만들고 있는 세상 2012. 2. 13, 한국경제
- 기업들 "로스쿨 출신 변호사에 사건 못맡겨" 2012. 3. 19, 한국경제
- 격동의 법률 시장…요동치는 변호사 시장 로스쿨 1기 출신 어디로 2012. 4. 5, 매일경제
- 꼴찌 대학생이 노벨상 타기까지 2004. 3. 19, 동아일보
- 논란의 아이폰 제조사 폭스콘 로봇 100만대 도입 선언 2011. 8. 1, 전자신문
- 도쿄 빅사이트에서 로봇을 만나다 2010. 2. 4, 전자신문
- 디카 최초로 개발한 코닥, 파산 2012. 1. 20, sbs cnbc
- 대기업 폐기물 재활용사업 러시 왜? 2011. 8. 9, 헤럴드경제
- 대도시 패트병 안마시기 운동 2007. 8. 14, 세계일보
- 도쿄시에서 꿀벌을 키우는 이유, 시사인 2011. 6. 14(195호)
- 대한민국 2020, 부상인가 하강인가? 2010. 2. 28, 데일리안
- 로봇에게 빼앗기는 아홉가지 일자리는 2011. 4. 23, 데일리안

- 빌 할랄 교수가 예측하는 미래기술은 2010. 3. 22, 아주경제
- 사교육 중독 이젠 빨간불 2012. 2. 17, 프레시안
- 사字 전문직 먹고살기 힘들다, 최영철 2010. 9. 13(754호), 주간동아
- 세계에서 가장 머리나쁜 학생들? 2012. 2. 21, 프레시안
- 수학시험때 전자계산기 허용 방침 유보 2011. 5. 19, 문화일보
- 시험 공장 학교 '답답하다' 2008. 4. 28, 한겨레
- 쓰레기로 수천억을…전기·연료 등 자원화 '눈길' 2012. 4, 머니투데이
- 아이디어 샘솟는 공간은 엉뚱한 곳이었네, 정재승
  2010. 4. 1 동아비즈니스리뷰 54호
- 아이패드, LG전자가 10년전 이미 출시 했었다 2011. 11. 10, ZDnet Korea
- 인도 자동차공장 곳곳에 로봇…노조는 고민 2012. 1. 26, 연합뉴스
- 애플의 도약 소니의 추락 코닥의 파산…기업 운명 왜 갈렸나
  2012. 3. 15, 한국경제
- 월급 적고 직급도 낮고… 서러운 로스쿨 출신들 2012. 4. 13, 중앙일보
- 연간 58만t 쌓이는 'e-쓰레기'를 어찌할까 2012. 3. 7(1168호), 시사저널
- 이 직종이 뜬다… 대체 뭐길래? 2012. 3. 16, 디지털타임스
- 직업의 양극화와 로봇이 빼앗는 일자리 2011. 1. 6, 코리아헬스로그
- 지금 한국 교육으론 자본주의 위기 넘을 힘 못만들 것 2011. 12. 7, 조선일보
- 직장 잡으려 대학 4년 보내느니 잡스처럼 도전할 것 2011. 10. 12, 조선일보
- 파산직면 코닥 37년전 디카 발명했다고? 2012. 1. 24, 머니투데이
- 팍스콘 "로봇, 3년내 일자리 100만개 대체" 2011. 8.1, 동아일보

- 폭스콘 1~2년내 30만대 로봇투입해도 감원없다 2011. 11. 20, 파이낸셜뉴스
- 폭스콘, 로봇 100만 대 도입 이후에도 고용 유지? 2011. 12. 17, 베타뉴스
- 하버드MBA보다 UCLA 예술대가 어렵다? 2010. 4. 13, 머니투데이
- 학생들의 미래를 훔치는 학교 2011. 7. 4, 경향신문
- 한국 학생들, 창의력·언어능력 등 떨어져 2012. 5. 15, 뉴시스
- 혼자서 잘 해내는 아이를 키운다 2009. 3. 30, 프레시안
- 美 로봇투자 열풍…스웨덴·日 따라잡겠다 2011. 3. 17, 한국경제
- 美, 일자리 늘지 않는 건 기계 때문? 2012. 1. 29, 조선일보
- MIT 공대 '돌아이' 18만 원으로 지구 사진 촬영 2009. 9. 22, 아시아투데이
- Lost Your Job? Blame the Robots, MIT Economist Says (Amar Toor) 2010. 10. 18
- The Next 9 Jobs that Will be Replaced By Robots 2011. 3. 17, Business Insider
- Georgetown University Center on Education and The Workforce 2010. 6
- 20~30년후 일자리 넘치는 학과는? 2010. 12. 7, 아시아경제
- 2015년 한국도 수백개의 도시가 소멸한다 2010. 11. 12, 데일리안
- 2020년엔 이미 현존 직종 80%가 소멸한다 2010. 11. 18, 데일리안
- 2030 미래의 직업생활 연구 2011. 10, 한국직업능력개발원
- 2030 뜨는 직업 트렌드는? 2011. 12. 8, 아시아경제
- 6년 만에 졸업하는 대학생 10명 중 6.5명 불과 2011. 9. 19, 머니투데이

- 8년후 우리나라 일자리 이렇게 바뀐다, 2012.4.8, 헤럴드경제
- 9급 공무원시험에 고교과목추가 고졸 문호 확대, 2012.4.12, 연합뉴스

- 〈교육의 정석 I〉 김미연, 2011. 5, 유진투자증권
- 〈교육의 정석 II〉 김미연, 2012. 5, 유진투자증권
- 〈날카로운 상상력〉 김용섭, 2008. 1, 미래지식
- 〈노동의 종말(The End of Work)〉 제레미 리프킨, 2005. 5, 민음사
- 〈미래예측보고서〉 박영숙, 2011.11, 경향미디어
- 〈상상하여 창조하라〉 유영만, 2008. 6, 위즈덤하우스
- 〈생각의 씨앗〉 김용섭, 2010.12, 생각의 나무
- 〈소비자 행동 저널〉 로앤 마이어스레비, 미네소타 대학교
- 〈아무도 생각하지 못하는 것 생각하기(Cracking Creativity)〉 마이클 미칼코, 2001. 6, 푸른솔
- 〈아웃라이어(Outliers)〉 2009. 1. 27, 김영사
- 〈유엔미래보고서 2025〉 박영숙, 제롬 글렌 외, 2011. 12, 교보문고
- 〈중고등학생의 적성 및 학습시간 변화〉 2012. 5, 한국직업능력개발원
- 〈직업별 인력수요전망 2008-2018〉 2009, 한국고용정보원
- 〈청춘내공〉 김용섭, 2012. 3, 한스미디어
- 〈트렌드 히치하이킹〉 김용섭, 2010. 12, 김영사
- 〈페이퍼파워〉 김용섭, 2009. 9, 살림

- 〈2010 OECD 보고서〉 OECD
- 〈2011~2020 중장기 인력수급전망〉 2012.4, 고용노동부
- 〈2011 미래의 직업세계 - 직업편〉 2011.12, 교육과학기술부/한국직업능력개발원
- 〈2012 한국직업사전〉 2011.12, 고용노동부/한국고용정보원
- 〈2020 미래 교육보고서〉 박영숙, 2010.3, 경향미디어
- SBS '세대공감 1억 퀴즈쇼'
- KBS '퀴즈 대한민국'

- www.bls.gov
- www.digitalcreator.co.kr
- www.lgeri.com
- www.hri.co.kr
- www.keis.or.kr
- www.krivet.re.kr
- www.posri.re.kr
- www.seri.org
- www.2100.org

KI신서 4207

아이의 미래를 망치는 엄마의 상식

1판 1쇄 발행 2012년 9월 28일
1판 2쇄 발행 2012년 10월 30일

지은이 김용섭
펴낸이 김영곤 **펴낸곳** (주)북이십일 21세기북스
부사장 임병주
출판사업부문 총괄본부장 주명석
MC기획1실장 김성수 **BC기획팀** 심지혜 장보라 양으녕
책임편집 최혜령 **디자인** 김수아
마케팅영업본부장 최창규 **마케팅** 김현섭 김다영 강서영 **영업** 이경희 정병철 박용희
출판등록 2000년 5월 6일 제10-1965호
주소 (우413-120) 경기도 파주시 회동길 201(문발동)
대표전화 031-955-2100 **팩스** 031-955-2151 **이메일** book21@book21.co.kr
홈페이지 www.book21.com
21세기북스 트위터 @21cbook **블로그** b.book21.com

ⓒ 김용섭, 2012

ISBN 978-89-509-3964-9 13590
책값은 뒤표지에 있습니다.

이 책 내용의 일부 또는 전부를 재사용하려면 반드시 (주)북이십일의 동의를 얻어야 합니다.
잘못 만들어진 책은 구입하신 서점에서 교환해 드립니다.